TOUT RESTERA EN FAMILLE

DU MÊME AUTEUR

Ça m'emmerde ce truc : 14 jours dans la vie de Nicolas Sarkozy, avec Éric Mandonnet, Grasset, 2012.

Nicolas Sarkozy. De Neuilly à l'Élysée, avec Bruno Jeudy, Éditions de l'Archipel, 2007.

Ludovic Vigogne

Tout restera en famille

Édition augmentée

Pluriel

Livre édité sous la direction de Nicolas Diat.

Couverture : Delphine Delastre
Image : © Jean-Michel Turpin / Divergence
ISBN : 978-2-818-50635-6
Dépôt légal : novembre 2020
Librairie Arthème Fayard/Pluriel, 2020.

« Nicolas, lui, ne m'a jamais emmenée aux Chandelles ! »

Hier, il a eu 63 ans. Cela a été un anniversaire particulier. Sa mère ne le lui a pas souhaité. Il y a six semaines, à peine, Andrée est décédée.

Ce soir encore, les souvenirs remontent à la pelle. Nicolas Sarkozy est à Bercy. À deux reprises dans sa carrière, il a occupé ce ministère.

Depuis huit mois, c'est un proche qui en est le locataire. Gérald. Gérald Darmanin. Son ancien « coordinateur de campagne » durant la primaire de la droite et du centre organisée à l'automne 2016 – ce titre avait été préféré à celui de directeur de campagne. Son poulain. Depuis mai, le jeune trentenaire est le ministre de l'Action et des Comptes publics d'Emmanuel Macron. Qui a dit que la vie ne savait pas être malicieuse ? C'est aussi au Budget que Nicolas Sarkozy l'aurait nommé s'il avait réussi son retour et retrouvé l'Élysée. « Comme moi quand j'ai commencé ! » Un autre chef de l'État, que personne n'avait vu venir, l'a fait à sa place.

Maintenant Gérald Darmanin a un nouveau patron. Pour autant, il n'est pas vraiment du genre à oublier le précédent. Dans l'appartement privé de son ministère, en ce 29 janvier 2018, il a fait dresser la table pour quatorze couverts. L'ancien maire de Tourcoing a convié Nicolas Sarkozy et la petite garde rapprochée qui a accompagné ce dernier dans sa tentative de reconquête : Frédéric Péchenard, l'ancien directeur général des Républicains, Pierre Giacometti, l'ex-patron d'Ipsos, Véronique Waché, qui gère toujours, rue de Miromesnil, la communication de l'ex-chef de l'État, Sébastien Proto, associé-gérant pour quelques mois encore de la Banque Rothschild, qui pilotait le projet… Lorsque le locataire de Bercy a fixé de longue date ces retrouvailles, chacun les a acceptées avec enthousiasme.

Pourtant, ce lundi, plusieurs invités arrivent mal à l'aise. Qui a dit que la vie ne savait pas être vicieuse ? Deux jours plus tôt, *Le Monde* a révélé que le ministre de l'Action et des Comptes publics faisait l'objet d'une plainte pour viol, pour des faits remontant à 2009, et qu'une enquête préliminaire était ouverte. Après cette déflagration, certains ont discrètement sondé Nicolas Sarkozy : souhaitait-il qu'ils fassent savoir au jeune ministre qu'ils étaient finalement

– « Pardonne-moi, Gérald, mais j'ai un empêchement de dernière minute, je ne pourrai pas être là » – indisponibles ? La réponse de l'ancien chef de l'État a fusé sans la moindre ambiguïté : « Certainement pas. » Ce matin, pour ne rien arranger, un autre élément s'est ajouté. Les Républicains, dont Gérald Darmanin a été exclu en novembre, ont officiellement demandé la démission du gouvernement de ce dernier à la suite des accusations portées contre lui. Que va-t-on dire à droite si ce dîner s'ébruite ? Véronique Waché ne se fait pas d'illusions ; elle sait bien qu'il y aura forcément des indiscrétions. Au moins, si la présence de Carla ne fuite pas, ce sera déjà une satisfaction.

L'épouse de l'ex-chef de l'État ne s'est pas fait prier pour venir. Avec François Baroin, Gérald Darmanin est l'un des rares élus proches de son mari qu'elle apprécie réellement. Et elle ne s'en cache pas. Clic-clac, clic-clac. L'ex-première dame « like » la moindre photo que le ministre de l'Action et des Comptes publics poste sur son compte Instagram. « Tic-tac tic-tac/Ta Katie t'a quitté/Tic-tac tic-tac/T'es cocu, qu'attends-tu ? » Comment ne pas se sentir des affinités avec quelqu'un qui connaît par cœur, comme elle, le répertoire de Boby Lapointe ? Quand il avait 18 ans, pour se faire un peu d'argent de poche et payer ses études, Gérald Darmanin chantait, dans les couloirs du métro, dans les restaurants de la capitale, « ce soir au bar de la gare/Igor hagard est noir/Il n'arrête guère de boire/Car sa Katia, sa jolie Katia/Vient de le quitter », mais aussi du Brel, du Brassens, qui n'ont pas de secret pour elle.

Mais aujourd'hui, le ministre du gouvernement Philippe n'a pas le coeur à la ritournelle. Il a les traits tirés. Le week-end a été lourd. Les deux dernières nuits, sans sommeil. Depuis quarante-huit heures, certains imaginent qu'il est un monstre. Depuis quarante-huit heures, sa vie la plus intime est étalée sous les yeux de tous. On lui a même raconté que *Le Monde* cherchait à contacter ses ex-camarades de promotion à Sciences Po Lille, dont certaines sont ses anciennes petites amies. Pour lui, si pudique, c'est une véritable blessure. S'il aime la vie, ce n'est pas un prédateur. Au contraire, il se targue de sa galanterie, de ses bonnes manières.

Dès la sortie du journal, afin de le protéger, ses amis l'ont mis « dans une bulle », comme ils ont dit. Direction la Normandie. On ne lui a laissé que son téléphone de ministre. On lui a interdit de jeter le moindre coup d'œil à BFM-TV et aux réseaux sociaux. Un moment a été très pénible : il lui a fallu parler avec ses parents de ce qui lui arrivait. Sa mère n'a pas été surprise : l'été qui avait suivi sa nomination, elle avait reçu des lettres anonymes annonciatrices des accusations de la plaignante. Un homme était même venu la menacer physiquement...

Comment le nier ? Le dîner commence dans une certaine gêne. Heureusement, Carla a décidé de s'en charger et de mettre ses Ugg – c'est ainsi qu'elle est chaussée – dans le plat. Hors de question que Gérald se laisse abattre. Assise à sa droite, la chanteuse se fait son avocate. Elle juge les faits tels qu'elle les a lus dans la presse très troubles. Elle revient longuement sur un point : Gérald et la plaignante sont allés aux Chandelles, un club échangiste renommé de la capitale. On sait quand même où on met les pieds, non ? « Nicolas, lui, ne m'a jamais emmenée aux Chandelles ! » L'épouse de Nicolas Sarkozy n'en finit plus de faire rire une tablée qui remercie Dieu de l'avoir créée. Gentiment, son époux lui demande quand même de se calmer.

Allez, et si on changeait de sujet ? Bonne idée, oui. Parlons de Bercy, par exemple. Parmi les convives, ils sont quelques-uns à y avoir occupé un poste. L'actuel maître des lieux leur annonce qu'il a voulu y mettre sa patte : il vient de ramener un chat, qu'il a adopté à la SPA de Tourcoing. Il s'appelle Boris. Un peu plus tôt, Nicolas Sarkozy s'est fait plutôt cabot. Avant le repas, pendant une heure, il a rencontré le cabinet de Gérald Darmanin pour partager son expérience d'ancien ministre du Budget d'Édouard Balladur et d'ex-ministre de l'Économie et des Finances de Jacques Chirac. « Vous servez la France, la sixième puissance du monde, à mon époque c'était la cinquième, soyez fiers ! » Aux dix conseillers du ministre de l'Action et des Comptes publics, il donne aussi quelques conseils : « Cela ne dure pas longtemps. Profitez-en pour vous faire un network. Certains qui étaient avec moi dans mon cabinet sont devenus directeurs de la Société générale ou de la BNP. » Comme si c'était un sésame, il répète : « Ils étaient avec moi ! »

Le one-man-show, pardon, l'échange, a lieu dans le bureau de Gérald Darmanin. Sur sa table de travail, l'ex-chef de l'État voit la dizaine de parapheurs qui attend la signature de celui-ci. « Moi aussi, j'en avais de sacrées piles. Dès que je ne comprenais pas une note, je la renvoyais afin qu'on me l'écrive de telle sorte que je la comprenne. Bon, visiblement j'étais plus intelligent que Gérald… » Pendant des mois, les collaborateurs du ministre se rejoueront la scène, des étoiles plein les yeux. Allez, une dernière anecdote ! L'ancien maire de Neuilly rapporte encore avoir été le premier à prendre la navette fluviale mise en place sur la Seine pour rapprocher Bercy, si excentré, du cœur du pouvoir. Sous le pont de la Concorde, de l'autre côté de l'Assemblée nationale, le pilote avait loupé l'arrêt. Nicolas Sarkozy avait dû escalader une péniche. Il était arrivé trempé, en retard, au Conseil des ministres. « Ce jour-là, j'étais d'humeur… maussade », précise-t-il. Tout le monde a compris.

Au même moment, un peu plus loin sur la rive droite, se tient justement un autre dîner : à l'Élysée, Emmanuel Macron a convoqué, comme il le fait pratiquement chaque mois, les piliers de sa majorité à le retrouver pour parler stratégie. En décembre, le ministre de l'Action et des Comptes publics a participé pour la première fois à ces agapes. Une belle marque de confiance. L'enclave ne s'ouvre qu'avec parcimonie. Au départ, seuls étaient autorisés à ce rituel les grognards de la macronie : Gérard Collomb, Richard Ferrand, Christophe Castaner ou Jacques Mézard. Au sortir de l'été, François Bayrou, accompagné de Marielle de Sarnez, y a eu son rond de serviette. À l'automne, ce fut Édouard Philippe. Puis ce fut lui. Ce lundi, le locataire de Bercy a dû décliner l'invitation présidentielle. Il n'a pas voulu reporter celle qu'il avait déjà lancée à Nicolas Sarkozy. Et puis Sébastien Lecornu, secrétaire d'État auprès de Nicolas Hulot, y sera à son tour intronisé, ce lundi. Issu comme lui des Républicains, c'est son meilleur ami. Il lui répétera tout…

Dans son appartement privé, Gérald Darmanin glisse à ses convives ce qu'il est en train, pour eux, de manquer : « Ce soir, il y a un dîner de la majorité à l'Élysée, mais j'ai fait savoir au président Macron que je ne pourrais pas venir car je dînais en compagnie d'un autre président de la République. » Autour de la table, certains ne peuvent s'empêcher de sourire. Sacré Gérald ! Comment mieux flatter leur ex-patron ? Comment mieux montrer qu'on est au cœur de tout ? Il ne changera jamais ! C'est néanmoins une réalité. En un semestre à peine, le trentenaire a réussi à se faire une place essentielle au sein du « nouveau monde ». Cela a eu une conséquence. Chez Les Républicains, la liste de ses ennemis n'a cessé de s'allonger. Cela embête un peu Nicolas Sarkozy. « Ne te coupe pas de tes anciens amis. La route est longue », lui recommande-t-il, exposant là une de ses plus intimes convictions. L'élu du Nord tient à le rassurer. Les choses commencent d'ailleurs à s'améliorer. Éric Ciotti, avec qui il était très, très fâché, lui a envoyé dans la journée un SMS d'amitié.

Sur le portable de Gérald Darmanin, un autre message s'affiche. Son visage se met à changer ; soudain, il paraît se détendre. « Viens prendre le café. » Emmanuel Macron lui propose de rejoindre le dîner de la majorité à l'Élysée, une fois que le sien sera terminé. L'ex-maire de Tourcoing est rassuré. Il n'est pas *persona non grata* malgré la polémique qui provoque déjà bien des tourments à l'exécutif.

« Viens prendre le café. » Emmanuel Macron est un chef de l'État qui aime veiller tard. Nicolas Sarkozy, lui, est un ancien chef de l'État qui aime se coucher tôt. Il est presque 22 h 30. Il se lève pour partir, même si Carla aurait voulu profiter encore un peu de la soirée. On se marrait bien, l'ambiance s'était vraiment détendue. « Bonne nuit, Président », salue la petite bande, qui ne compte pas bouger. Demain, leur ancien patron enverra des petits mots de remerciement à ceux qui lui ont offert des cadeaux, qu'il n'aura ouverts qu'une fois chez lui.

D'un président à l'autre... Gérald Darmanin file à son tour. Direction l'Élysée. Il propose à ses hôtes de l'attendre pour prendre un dernier verre. Il promet de revenir avec Sébastien Lecornu.

La nuit je mens… À minuit trente, il n'est toujours pas là. La petite équipée sarkozyste décide de quitter Bercy. Le jour j'entreprends… La vie est bien faite. Le lendemain, dès dix heures, *Le Figaro* sera mis dans la confidence. « Sarkozy apporte son soutien à Darmanin lors d'un dîner à Bercy », titrera le quotidien.

« Tu fais une fixette, François ! »

Aujourd'hui, il a 36 ans. Évidemment, ce 11 octobre 2018, Nicolas Sarkozy a décroché son téléphone :

« Qui d'autre t'a appelé ? »

Gérald Darmanin : « Le Président. »

L'ex-chef de l'État : « Oui, mais moi, c'est sincère. »

Et c'est vrai. Nicolas Sarkozy aime beaucoup le ministre de l'Action et des Comptes publics du gouvernement Philippe. Vraiment. Il trouve qu'il a du talent ; comme lui, c'est un intuitif. Il trouve qu'il est attachant ; comme lui, c'est un affectif. À travers lui, il revoit ses jeunes années : l'élu du Nord est là depuis si peu de temps et il est déjà, comme lui avait su l'être à son époque, si haut, si indispensable. En lui, il retrouve son appétit, évidemment de la politique, du pouvoir, de sa conquête, mais aussi celui des femmes, grandes, de préférence. Grâce à lui, il revit son histoire : l'origine simple de ces deux mâles bruns loin du mètre quatre-vingts a nourri en eux une soif insatiable de reconnaissance, de revanche sociale (même si la vie a été plus dure pour l'enfant du Nord que pour l'ancien maire de Neuilly).

C'est bien simple, rarement, très rarement, Nicolas Sarkozy s'est ainsi entiché d'un cadet. Bien sûr, il en a déjà poussé, aidé, propulsé (Nathalie Kosciusko-Morizet, Rama Yade, Luc Chatel). Évidemment, il a des fidélités ancestrales (Brice Hortefeux, Frédéric Péchenard, Christian Estrosi) ou plus récentes (François Baroin, Christian Jacob) avec lesquelles il ne transigera jamais. Mais avec Gérald Darmanin, ce n'est pas pareil. Quelque part, c'est son héritier. En quelque sorte, c'est son fils préféré. Et pour tous deux, inutile de préciser qu'on pénètre là dans un jardin particulier. Leurs histoires paternelles ont été compliquées : l'un et l'autre ont eu un père qui a bien vite mis les voiles du foyer conjugal.

Inconsciemment ou pas, le ministre d'Emmanuel Macron l'a d'ailleurs avoué. Dans son livre *Chroniques de l'ancien monde* paru à l'automne 2017[1], c'est cette image qu'il a choisie pour parler de l'ex-chef de l'État. « Sa présence marque une pièce, une salle, une réunion. Même

1. Gérald Darmanin, *Chroniques de l'ancien monde*, Éditions de l'Observatoire, 2017.

quand il ne dit rien, il est là. Pesant et impressionnant. Cela inspire confiance. La confiance d'avoir un pilote dans l'avion. "Ça, c'est un homme", chantent joliment Olivia Ruiz et Salvatore Adamo. La chanson est faite pour lui. On aimerait l'avoir comme père de famille quand il fait de l'orage. Rassurant », a-t-il écrit. Gérald Darmanin est si fier de ce doigt qui s'est posé sur lui. Il aime la manière dont leur relation est aujourd'hui établie. « Entre nous, il y a une affection qui ne permet pas tout. Je ne lui dis pas tout, il ne me dit pas tout. Je ne suis pas toujours ses conseils. Il a souvent des avis différents des miens[1] », confie-t-il. En toutes circonstances, il vouvoie cet ami prodigieux, qui, on y revient, « ressemble beaucoup » à son père : « Ce sont deux Méditerranéens, ils ont la même taille, les mêmes expressions populaires[2]. »

Cette fois-là, c'était dix-sept mois plus tôt, c'est Gérald qui avait appelé. C'était un dimanche soir. Il était un peu plus de 21 heures. Le maire de Tourcoing sortait à peine du bureau du président de la République, où il mettait les pieds pour la première fois. Emmanuel Macron, avec qui il n'avait jamais eu de tête-à-tête, venait de le recevoir. En fin

1. Entretien avec l'auteur, le 7 février 2019.
2. *Ibid.*

de matinée, celui-ci avait été officiellement investi huitième président de la Ve République. Tout juste installé, il avait une proposition à lui faire. Dans ce « nouveau monde » dont il se veut l'architecte, le chef de l'État s'apprête à mettre à terre les clivages. Pendant sa campagne, l'ancien ministre de François Hollande n'a cessé de se proclamer « et de droite et de gauche ». Face à Marine Le Pen, lors du second tour de la présidentielle, il a été élu grâce à l'appui d'une bonne partie de la droite. De tout cela, il entend tirer toutes les conséquences politiques et faire entrer des Républicains dans son gouvernement. Il désire que l'ex-directeur de campagne de Nicolas Sarkozy soit l'un d'eux. Il offre à Gérald Darmanin de devenir son ministre du Budget.

Dans son bureau, le jeune élu a déjà la tête qui tourne. Avant de quitter l'Élysée, il a toutefois eu le réflexe de préciser à Emmanuel Macron qu'il allait consulter plusieurs membres de son parti afin de mûrir sa réponse. Évidemment, Nicolas Sarkozy est le premier sur la liste. Gérald Darmanin lui explique la situation. Pour l'ex-chef de l'État, c'est tout vu : « Si tu refuses, tu ne m'appelles plus jamais. » Avant d'ajouter, moins solennel : « La seule chose qui m'embête, c'est que tu seras ministre du Budget plus jeune que moi. » En 1993, il l'a été à 38 ans.

Ah, ce joli mois de mai ! Sa famille vient de vivre une défaite historique à l'élection présidentielle. Nicolas Sarkozy, lui, ne cache pas sa fierté. Il est si content que son protégé soit ministre. Entre eux, une tendre passation se met en place. Au jour le jour, l'ex-chef de l'État suit ses premiers pas au sein de ce pouvoir sacrément rajeuni. À son oreille, il multiplie les conseils. Gérald, travaille beaucoup en arrivant car la matière est très compliquée et il faut tout de suite que tu t'imposes. Gérald, ménage-toi des espaces de respiration même quand tu as un agenda très contraignant ; cela évite les bêtises à force d'avoir le nez sur le guidon. Gérald, il faut que tu aies un deuxième bureau hors de Bercy, plus proche de l'Assemblée et du Sénat, car, en période de marathon budgétaire, c'est le seul moyen de tenir le rythme. À son époque, lui disposait d'une pièce au rez-de-chaussée de Matignon, occupé alors par Édouard Balladur. Message reçu cinq sur cinq : Gérald Darmanin récupère l'hôtel de Cassigny, installé juste derrière celui du Premier ministre.

« Quand je suis entré dans le bureau d'Emmanuel Macron, je m'apprêtais à dire non. Je ne voulais pas être ministre de François Bayrou ou de Richard Ferrand. Le fait que cela soit Édouard Philippe à Matignon, cela a changé les choses », me racontera, quelques jours plus tard, le nouveau ministre de l'Action et des Comptes publics. En ce printemps 2017, la nomination par le chef de l'État du maire juppéiste du Havre au poste de Premier ministre et le duo que Gérald Darmanin forme avec Bruno Le Maire à Bercy rebattent toutes les cartes. Le ralliement au nouveau pouvoir de ces trois figures de la droite déclenche une tempête chez LR à un mois d'élections législatives qui ne pourront être qu'une inéluctable défaite. Les Républicains annoncent leur prochaine exclusion. Un long feuilleton commence ; celle-ci ne sera effective qu'à l'automne, au terme de rocambolesques procédures.

À droite, beaucoup accusent Gérald Darmanin de traîtrise. Nicolas Sarkozy récuse ce procès. Pendant des mois et des mois, devant chacun des nombreux pourfendeurs du ministre du Budget, il le défend bec et ongles. Même avec ses plus proches, c'est l'objet de virulents échanges. « Tu devrais te méfier un peu plus de lui », le met en garde François Baroin. Le maire de Troyes aimait pourtant bien ce brillant cadet et il n'est pas du genre à se fâcher facilement. Mais là, il n'est pas près d'oublier ce que Gérald Darmanin lui a fait. Malgré la bérézina de la présidentielle, l'ancien chiraquien s'était dévoué pour mener le combat des législatives au nom des Républicains. Il était venu en donner le coup d'envoi dans le Nord. Sur le quai de la gare de Tourcoing, en le raccompagnant, le maire de la ville, qui a passé la journée avec lui, en fait des tonnes : « Je veux faire cette campagne à fond avec toi. Donne-moi un poste ! » Une semaine plus tard, il fait son entrée dans le gouvernement Macron. Ah ça, non, jamais François Baroin ne le lui pardonnera. Lors de ses rencontres avec Nicolas Sarkozy, le sujet revient souvent sur le tapis. L'ex-chef de l'État aimerait tellement les rabibocher. « Tu fais une fixette, François, arrête ! » Peine perdue. Désormais, ils n'en parlent plus.

Avec Christian Jacob, ce n'est pas plus facile. Le patron des députés LR ne supporte pas le comportement provocant du ministre de l'Action et des Comptes publics à l'égard de ses anciens amis à l'Assemblée nationale. « Petit merdeux ! » Bien souvent, il n'arrive même pas à retenir, dans l'hémicycle, quelques qualificatifs injurieux. Celui qui a toujours chassé en meute n'a jamais vu en ceux qui désertaient que des pleutres. Chaque fois qu'il vient rendre visite à Nicolas Sarkozy, il ne se prive pas de vider son sac. « Mais tu te rends compte, Christian ! On ne peut pas refuser d'être ministre du Budget quand on a 34 ans ! Allez, il ne faut pas rompre complètement les ponts. Un jour, il faudra peut-être se retrouver », tente de le calmer l'ex-chef de l'État. « Comment veux-tu te retrouver avec quelqu'un comme cela ? Ce n'est qu'un traître, un petit salopard ! » tonne le député de Seine-et-Marne. Même quand il rencontrera pour la première fois Emmanuel Macron, en tête à tête, le 4 février 2019, à l'Élysée, Christian Jacob lui réglera son compte. Le meneur des députés LR salue la solidité de ministres comme Muriel Pénicaud ou Agnès Buzyn. « Mais Darmanin, c'est le plus politicard des politicards. Il se contrefout du fond », lâche-t-il devant le chef de l'État.

Auprès de la jeune génération, le lien entre Nicolas Sarkozy et Gérald Darmanin a tout autant de mal à passer. « Monsieur le Président, c'est quand même très gênant de se faire taper dessus par Darmanin toute la journée et de vous voir le soir le défendre », se permet d'intervenir le député trentenaire du Lot, Aurélien Pradié, à l'occasion d'un déjeuner avec l'ex-locataire de l'Élysée. « C'est mon ami, c'est quelqu'un de bien, plaide ce dernier. Il faut que vous le compreniez, il aurait été ministre avec moi. » « Quelqu'un de bien est quelqu'un de fidèle », réplique la forte tête LR du Sud-Ouest. Nicolas Sarkozy met rapidement un terme à la conversation. Au fond, qu'y a-t-il à ajouter ? C'est ainsi : Gérald, c'est la famille. Tantôt il le regarde et lui dit : « Je t'aime, toi, peut-être je me trompe, mais c'est comme ça. » Tantôt, il le regarde et demande à ce jeune divorcé, sans enfants : « Tu as quelqu'un en ce moment dans ta vie ? » Brice Hortefeux, son compagnon de route depuis plus de quarante ans, en a toujours témoigné : « Nicolas ne saucissonne pas sa confiance. »

Entre ces deux-là, le lien est désormais coupé : mis en examen dans l'enquête sur les soupçons de financement libyen de la campagne présidentielle de 2007, ils ne peuvent plus avoir de contact depuis mars 2018. Pour eux, c'est une vraie écorchure. Maintenant, c'est avec le ministre du Budget d'Emmanuel Macron que Nicolas Sarkozy a des échanges permanents.

Ce jour-là, Gérald Darmanin avait manqué un coup de fil de son aîné. Il s'en était excusé quelques minutes après : « Pardon, Monsieur le Président. Je ne pouvais pas vous rappeler. Je recevais mon homologue italien. » L'ex-chef de l'État avait répliqué : « C'est vrai qu'on aime bien le recevoir, l'Italien. Je te comprends. J'ai été à ta place. C'est le seul qui fasse moins bien que nous. On peut lui donner des leçons ! »

« Moins tu appartiens, plus tu vaux cher »

« Tu es encore plus fort que moi. Toi, tu as été élu député à 29 ans, tu as tout à m'apprendre. » Nicolas Sarkozy sort le grand numéro. C'est toujours comme ça qu'il fait lors d'une première rencontre. Pourquoi y aurait-il une raison que cela change, même si tout a changé ?

Rentrée 2012. L'ex-chef de l'État a quitté l'Élysée depuis quatre mois. Il est maintenant installé au premier étage d'un immeuble situé au 77, rue de Miromesnil, dans les bureaux mis à sa disposition par la République. Il s'est officiellement retiré de la vie politique. Cela ne va quand même pas l'empêcher – sait-on jamais ! – de s'intéresser à ceux qui ont franchi le tourniquet et fait leur entrée. Face à lui est ainsi assis Gérald Darmanin, qui vient d'être élu, en juin, député UMP de la 10e circonscription du Nord. Dès son arrivée au Palais-Bourbon, celui-ci s'est fait remarquer. Il a fait partie des six benjamins de cette nouvelle législature, qui ont, comme le veut l'usage, encadré l'élection du président de l'Assemblée nationale. À ses côtés, une jeune femme n'est pas non plus passée inaperçue : Marion Maréchal Le Pen. À la différence d'autres, Gérald Darmanin lui a serré la main. « Vous, vous m'avez dit bonjour. Vous avez raison, on risque de se recroiser souvent dans les années à venir. Autant que l'on adopte dès le début des relations civilisées, non[1] ? » lui a lancé la petite-fille du fondateur du Front national.

« Le Président vous a vu à la télé. Il aimerait vous recevoir. » Quand, en cette fin d'été, l'élu du Nord a reçu le coup de téléphone, il a cru, un instant, que c'était le secrétariat de François Hollande. Et puis il a compris. Le temps de son premier entretien avec Nicolas Sarkozy est venu. Enfin. Il l'a tant attendu. Lorsque le héraut de la droite était encore à l'Élysée, l'audacieux avait tenté de faire sourire la chance. À la fin de 2009, alors directeur des affaires juridiques de l'UMP depuis quelques mois, Gérald Darmanin avait été missionné par Xavier Bertrand, qui était à l'époque secrétaire général du parti sarkozyste et avait vite décelé son potentiel, pour être le directeur de campagne de David Douillet, candidat lors d'une

1. Anecdote rapportée par Gérald Darmanin dans *Chroniques de l'ancien monde*, *op. cit.*

élection législative partielle dans les Yvelines. Le judoka l'avait emporté. Nicolas Sarkozy l'avait invité en son palais du faubourg Saint-Honoré. À la surprise des conseillers présidentiels, le jeune apparatchik l'avait accompagné, espérant croiser le chef de l'État. Mais la chance n'avait pas esquissé le moindre mouvement des lèvres. Il l'avait regretté. « La politique coule en moi comme le sang coule dans mes veines » : Gérald Darmanin s'est toujours reconnu dans cette formule de Nicolas Sarkozy. À 16 ans à peine, il était déjà encarté au RPR !

Depuis, leurs rencontres sont régulières. Le 17 septembre 2013, le trentenaire est convié à un déjeuner avec cinq autres jeunes élus du Nord. L'ex-président a regardé de près le CV de chacun de ses invités. Il connaît le prénom de la femme de Gérald Darmanin. Cela lui fait un certain effet. L'entreprise de séduction ne s'arrête pas là. L'ancien chef de l'État fait bien attention à se taire et à laisser la parole à ses hôtes. Pour lui, chacun le sait, ce n'est pas spontané. Un jour, quand le jeune espoir de la droite sera devenu son ami, il lui dira : « Deux minutes quand tu parles, c'est court, mais quand tu écoutes, c'est long ! » Cela ne tombera pas dans l'oreille d'un sourd, mais ne grillons pas les étapes ! Malgré tout, on ne se refait pas. Nicolas Sarkozy ne résiste pas à raconter sa nouvelle vie et à épater la galerie. Récemment, il a croisé un journaliste qui lui a reproché de « faire des conférences à New York pour 100 000 dollars ». « C'est même beaucoup plus ! a-t-il rétorqué. La prochaine fois, si tu veux, je t'emmène, mais viens avec ta sœur. Parce que je te donnerai la parole et il n'y aura personne d'autre qu'elle dans la salle pour t'applaudir. » L'anecdote est bien rodée ; régulièrement, à cette période, il la ressort à ses visiteurs. Il glisse aussi : « J'ai perdu à un poil. » En octobre, Gérald Darmanin y retournera pour un tête-à-tête. Mi-décembre, c'est pour un déjeuner avec six autres députés novices. « Mais on voyait bien que c'était entre eux que cela tiltait », se souvient l'un d'eux, Julien Aubert, élu du Vaucluse.

Attention, il ne faut pas s'y tromper ! Tout cela est d'abord intéressé. L'élu du Nord est un proche de Xavier Bertrand. C'est lui qui lui a donné sa chance ; tous deux revendiquent une fibre populaire. Depuis 2012, le maire de Saint-Quentin a pris beaucoup de distance avec Nicolas Sarkozy. Grâce aux échanges qu'il a avec Gérald Darmanin, l'ancien président peut faire passer des messages à un de ses ex-ministres bien trop peu reconnaissant à ses yeux. De son côté, le cadet a compris, dès leur premier entretien, que Nicolas Sarkozy n'avait qu'une obsession, son retour. À l'automne 2013, il a même affiné son jugement : l'ex-chef de l'État reprendra l'UMP, en charpie à cause de la guerre que se sont livrée François Fillon et Jean-François Copé. Il préférera de cette façon revenir par la base plutôt que par le sommet. Pour la suite de sa carrière, il n'est donc pas inutile d'être dans ses petits papiers. D'ailleurs, il a noué également un lien avec Henri Guaino, son ex-plume à l'Élysée. « Quand il voit Sarko, il lui parle de moi », fanfaronne-t-il.

Mais il ne faut pas s'y tromper. L'ancien président ne l'a pas pour autant ramené dans ses filets. Gérald Darmanin ne veut surtout pas être inféodé. Pourquoi lier son destin si tôt alors que tout commence à peine pour lui et semble si incertain dans son camp ? Le député du Nord reste sceptique sur le succès de l'entreprise de Nicolas Sarkozy. « La droite a remporté une victoire massive sans lui et celle qu'il a le plus soutenue, Nathalie Kosciusko-Morizet, a perdu à Paris », constate-t-il au lendemain des municipales de mars 2014, qui ont été un impressionnant raz-de-marée bleu. Il a aussi été frappé par ce que lui a dit Jacques Toubon. L'ancien compagnon de route chiraquien est son premier parrain en politique. Il le voit quasiment tous les trimestres. Il lui voue une tendresse éternelle. Il se fie à son flair. La meilleure définition de la politique, c'est lui qui la lui a donnée. « Tu sais, coco, la politique, c'est simple. C'est : à quel candidat confierais-tu ta poussette avec ton gamin ? » Justement, Jacques Toubon vient de voir Nicolas Sarkozy. « Tu sais, coco, il va se planter », lui a assuré l'ancien garde des Sceaux.

Si Gérald Darmanin n'entend pas trop en faire avec l'ex-chef de l'État, c'est encore pour une autre raison. Malgré sa jeunesse dans le métier, il a très bien démonté les mécanismes du fonctionnement de l'ancien locataire de l'Élysée : « Le rapport de force avec lui paie davantage. Moins tu appartiens, plus tu vaux cher. » Il s'emploie ainsi à mettre sa théorie en pratique en cultivant quelque distance avec lui et en entretenant ses relations avec les autres prétendants à l'élection présidentielle de 2017. En janvier 2014, il fait la connaissance d'Alain Juppé à l'occasion d'un déjeuner en petit comité. Il a trouvé le maire de Bordeaux délicat. « Il ne prend pas son téléphone quand il vous parle », note-t-il, un peu petit garçon. Au mois de juin suivant, il a participé à un séminaire organisé au domicile de David Douillet pour préparer la campagne à la primaire de Xavier Bertrand, qui, dès 2012, a annoncé son intention de concourir, la prochaine fois, à l'Élysée. Gérald Darmanin accepte de la diriger le moment venu. « 2014 sera l'année Juppé, 2015 l'année Le Maire et 2016 l'année Bertrand », va-t-il jusqu'à prophétiser – on mettra ça sur le compte de la jeunesse ! En attendant, il œuvre au rapprochement de l'ancien ministre du Travail avec cet autre quadra ambitieux qu'est l'ex-ministre de l'Agriculture. Dans cette opération, il dispose d'un complice : le frère qu'il n'a jamais eu, Sébastien Lecornu, compagnon de route de Bruno Le Maire. Ensemble, ils entreprennent de monter des dîners réguliers entre eux (un soir, Bruno Le Maire cuisinera même un filet mignon pour Xavier Bertrand), mais la sauce ne prend pas vraiment.

L'automne précédent, Gérald Darmanin a également découvert un peu plus François Fillon, venu dans le Nord. À la fin d'une journée, où il l'a trouvé totalement mécanique, il l'a emmené chez lui. L'ex-Premier ministre avait besoin de souffler et de prendre un café. Et là, il a vu un autre homme. Sa femme est en train de repasser. François Fillon parle avec elle des séries télé, dont il est addict. Avec lui, il discute nouvelles applications ; tous les deux sont des geeks. L'ancien locataire de Matignon se laisse même aller à la confidence. « Chirac ne m'a jamais aimé, lui raconte-t-il. Il a toujours dit que j'étais pédé et que j'avais des relations avec Joël Le Theule[1]. » Gérald Darmanin n'oubliera jamais l'impression que ce moment lui a laissée : quel insaisissable personnage ! Certains ont toujours trouvé à François Fillon un air de ressemblance avec Don Draper, le torturé héros de *Mad Men*. Lui se demande plutôt s'il n'y a pas chez lui un petit côté Frank Underwood, le tortueux héros de *House of Cards*.

Avec tout ça, le député UMP de la 10e circonscription du Nord se sent de plus en plus courtisé. Dans le milieu politico-médiatique, il commence à se faire un nom. À l'Assemblée, Julien Aubert l'a d'ailleurs affublé d'un autre : « Darmalin ». C'est en effet le qualificatif qui revient le plus souvent à son sujet. « Darmanin a une qualité : il est malin. Mais il a un défaut : cela se voit », ironise ainsi le patron des députés UMP, Christian Jacob. Dans son camp, le trentenaire est bientôt auréolé d'un autre fait d'armes. Lors des municipales de mars 2014, il remporte la mairie de Tourcoing. C'est une jolie victoire. La ville était depuis un quart de siècle à

1. Joël Le Theule a été député de la Sarthe de 1958 à 1978 et plusieurs fois ministre.

gauche. Sa cote monte d'un cran. Évidemment, rien de tout cela n'échappe à Nicolas Sarkozy, qui lui avait conseillé de ne pas hésiter trente secondes à tenter sa chance – « Il faut tout prendre ». Il l'invite de nouveau rue de Miromesnil. Cette fois, Gérald Darmanin s'y rendra accompagné d'élus de sa circonscription, afin de leur montrer qui il fréquente maintenant.

Il paraît que les étés 14 sont des tournants. Pour la droite française, celui-ci ne déroge pas à la règle. À la rentrée, tout s'accélère. La présidence de l'UMP est libre. Nicolas Sarkozy lance officiellement l'opération reconquête qui doit le réinstaller à l'Élysée trois ans plus tard. Avant son entrée sur le champ de bataille, Pierre Giacometti lui a glissé deux noms. Il doit désigner Frédéric Péchenard pour être son directeur de campagne (et le nommer ensuite directeur général du parti) et Gérald Darmanin comme porte-parole. Nicolas Sarkozy achète. « Son physique m'intéresse », avait-il dit lorsqu'il avait choisi Xavier Bertrand pour être son porte-parole lors de la présidentielle de 2007. Le recrutement du jeune maire de Tourcoing procède de la même logique. « Il coche les cases Nord, industriel, laborieux », juge Brice Hortefeux. Dans les médias, son histoire familiale est mise à contribution. Gérald Darmanin est né dans les quartiers populaires de Valenciennes. Il est le fils d'une femme de ménage (qui travaille à la Banque de France, à Paris). Son grand-père maternel, Moussa Ouakid, était, en 1940, tirailleur algérien. Durant la guerre d'Algérie, ce musulman, gaulliste passionné, a pris le parti de la France… Comment rester insensible au destin de cet autre « petit Français de sang-mêlé », selon la formule consacrée ? Le 20 septembre 2014, l'équipe de campagne de Nicolas Sarkozy pose pour *Paris Match*. « Tu es là aussi ? » Entre Laurent Wauquiez, qui incarne la ligne droite ; Nathalie Kosciusko-Morizet, qui représente la sensibilité de gauche ; les fidèles, Brice Hortefeux et Christian Estrosi, Gérald Darmanin, qui a accepté la proposition sans se faire prier, est le seul nouveau visage.

Pour lui, ça va vite. C'est encore une nouvelle étape. Au sein de la droite, il entretient un peu plus sa réputation de meilleur espoir masculin. « Darmanin, l'idole des jeunes », titre *Le Point*, qui lui consacre son premier long portrait. Le voici invité des matinales, un autre Graal. « Vous laissez votre mère être femme de ménage ? » lui demande à l'antenne Jean-Pierre Elkabbach sur Europe 1, la première fois qu'il l'interviewe. « Je trouve que cette question est indécente », réplique sans trembler Gérald Darmanin.

Quelques semaines plus tard, Nicolas Sarkozy emporte la présidence de l'UMP face à Bruno Le Maire et Hervé Mariton. Le maire de Tourcoing essuie, lui, une petite défaite. Pourquoi s'arrêter en si bon chemin ? Il a tenté de convaincre le nouveau patron du parti de lui confier le job de secrétaire général, que ses deux plus haut gradés, Nathalie Kosciusko-Morizet et Laurent Wauquiez, se disputent âprement. « Choisir entre eux, c'est choisir son Premier ministre. Nicolas Sarkozy va-t-il choisir deux ans à l'avance sa ligne pour 2017 ? Je le vois mal le faire. Il doit rester dans un rôle de rassembleur. Si c'est NKM, Wauquiez deviendra dingue. Et si c'est Wauquiez, NKM deviendra dingue », tente-t-il de persuader tout le monde. Pour celui qui connaît la vie politique sur le bout du doigt, l'idéal, pour ce poste serait… « un modèle Jacques Toubon, RPR époque 1984 : quelqu'un de totalement désintéressé et qui bosse ». Quelqu'un comme lui, quoi ! Raté. L'ex-chef de l'État promouvra Laurent Wauquiez.

Gérald Darmanin met son orgueil dans sa poche et tente de se rendre autrement indispensable auprès de Nicolas Sarkozy. Après tout, il récupère le secteur des élections, toujours clé dans une formation politique. Il est élu président de la fédération départementale de son parti dans le Nord, une des plus puissantes de France. À la même époque, il découvre un autre personnage. À la communauté urbaine de Lille, où il siège désormais en tant que maire de Tourcoing, il passe chaque mois cinq heures à côté de Martine Aubry. Il est assez impressionné par la figure socialiste, qui lui narre comment elle a exigé de François Hollande, quand celui-ci l'a invitée à déjeuner à l'Élysée, qu'il n'y ait pas le Premier ministre Manuel Valls. De temps en temps, la femme d'à côté lui offre des macarons. Lui, il lui apprend à ajouter des emojis à ses SMS. Comme Nicolas Sarkozy, Martine Aubry était aux manettes de son parti avant que la primaire d'où sortirait le champion de son camp à l'Élysée démarre. Gérald Darmanin rappelle à son patron que la première secrétaire du PS avait alors pris soin de distribuer les investitures pour les élections législatives qui suivraient. C'est toujours un bon moyen de verrouiller des fidélités. Et Nicolas Sarkozy en a bien besoin.

À la tête de l'UMP, qu'il a rebaptisée en mai 2015 Les Républicains, l'ancien chef de l'État ne connaît pas vraiment une triomphante épopée. Les sondages restent mauvais et Alain Juppé le grand favori de 2017. Les quadras ne reviennent pas à lui. Et puis, il ne sent pas cette primaire à laquelle il a dû se résigner. Les préparatifs lui échappent beaucoup trop à son goût. En novembre 2015, il reçoit dans son bureau Anne Levade, la présidente de la Haute Autorité en charge de l'organisation de cette élection. Pour la financer, il a été convenu, de longue date, que le parti prêterait cinq millions d'euros qui lui seraient remboursés à l'issue de la compétition. Ça l'emmerde, ce truc ! Nicolas Sarkozy rechigne à faire le chèque. Une fois qu'il l'aura signé, en quoi aura-t-il encore son mot à dire ? Face à la très respectée juriste, il s'insurge : « Vous voulez que je baisse mon pantalon pour que vous puissiez m'enculer ? »

« Tu sais, si je perds, c'est pas grave, je l'ai déjà été »

Ses fils, Pierre et Louis, qui l'accompagnent régulièrement, sont là. Et puis il y a lui. Le samedi 19 novembre 2016, Nicolas Sarkozy a invité Gérald Darmanin au Parc des Princes à assister au match entre le PSG et le football club de Nantes.

L'élu du Nord s'est installé aux côtés de l'ex-chef de l'État, qui est ici comme chez lui et a sa place attitrée au centre de la corbeille. Il l'a suivi dans les vestiaires, où, comme d'habitude, l'ex-maire de Neuilly a passé une demi-heure avec les joueurs. Pourtant, ce soir, les deux hommes ont un peu la tête ailleurs. Demain ce sera le premier tour de la primaire. En fin de journée, Pierre Giacometti s'est fait le porteur de la mauvaise nouvelle. Il a appelé le candidat. Les ultimes remontées de tous les sondages convergent : il ne sera pas qualifié pour le second tour de l'élection ; le duel final opposera Alain Juppé à François Fillon.

« Merci d'avoir été là », a souvent répété ces derniers jours Nicolas Sarkozy à Gérald Darmanin, comme s'il pressentait son éviction. En le conviant au Parc, il a voulu, une nouvelle fois, lui témoigner sa gratitude. À la fin d'août, il a nommé le maire de Tourcoing directeur de sa campagne (« coordinateur de campagne » est le titre exact). Pendant trois mois, ils ne se sont pas quittés. Hier, ils étaient encore ensemble, à Nîmes, où le candidat a tenu ce qui allait être l'ultime meeting de sa carrière.

C'est l'ex-chef de l'État qui a insisté pour achever là-bas sa campagne de premier tour. Le maire de la ville, Jean-Paul Fournier, est un soutien de toujours. Cet été, il a subi un quadruple pontage coronarien. Aujourd'hui, il est à peu près remis et Nicolas Sarkozy a souhaité, en venant, lui adresser un message de soutien. Plusieurs fois ces derniers jours, il a demandé à Gérald Darmanin : « Est-ce que Fournier sera là ? » Ce fut le cas. En revanche, la salle omnisports, elle, a été loin d'être remplie. Alors, son équipe a fait ce qu'on fait au Zénith pour cacher à un artiste qu'il n'a pas fait le plein. On installe deux personnes et on pose sur la place suivante leurs manteaux. Le savait-il ? À la tribune, Nicolas Sarkozy a expédié son discours. Il a toutefois pris le temps de remercier, un à un, tous les élus assis, face à lui, au premier rang. « Tu as vu, tu as été très applaudi », a-t-il, juste après, lancé à son fidèle ami Brice Hortefeux. Le député européen avait tenu à faire le voyage de Clermont-Ferrand, même si cela n'avait pas été simple. Dimanche, il savait à quoi s'attendre, il voulait coûte que coûte être présent. « Vous avez compris pourquoi il fallait que nous y allions », dira-t-il, après cette soirée crépusculaire, à ceux qui l'ont imité.

Pour rentrer à Paris, tard dans la nuit, Nicolas Sarkozy et son coordinateur de campagne ont pris un petit avion. François Baroin et Christian Jacob les accompagnaient. Durant tout le vol, ils ont parlé de la fonction de chef de l'État. « Je n'ai jamais fait d'opération "Homo", jamais personne n'est venu dans mon bureau pour me dire qu'il fallait des assassinats ciblés », leur avait confié Nicolas Sarkozy alors que celles décidées par François Hollande venaient d'être révélées[1]. Encore cinq minutes, monsieur le bourreau... Gérald Darmanin n'a pas perdu une miette de la conversation.

Pour diriger sa campagne, le jeune député n'avait pas été son premier choix. Nicolas Sarkozy avait d'abord songé à Sébastien Proto. Beaucoup dans son entourage jugent également que c'est le

1. Gérard Davet et Fabrice Lhomme, *Un président ne devrait pas dire ça*, Stock, 2016.

candidat idéal : l'ex-directeur de cabinet d'Éric Woerth puis de Valérie Pécresse au ministère du Budget est le seul à savoir dire non à l'ancien chef de l'État, tout en tirant sur sa cigarette électronique. Mais celui-ci refuse de quitter son poste d'associé-gérant à la Banque Rothschild. L'ancien chef de l'État avait ensuite envisagé de confier cette mission à Christian Jacob. Problème : celui-ci est le président du groupe LR à l'Assemblée nationale ; cela l'oblige à un minimum d'œcuménisme (et de prudence). Le député de Seine-et-Marne a une autre solution : il s'occupera des comités de soutien, comme il l'avait fait en 2002 lors de la campagne de son mentor, Jacques Chirac. Et Christian Estrosi ? Nicolas Sarkozy sonde sa garde rapprochée. Les Alpes-Maritimes, bastion de la droite, fourniront un bataillon décisif d'électeurs lors de la primaire. Et puis, il a pour le maire de Nice une tendresse particulière. Ils ont fait leur entrée ensemble à l'Assemblée, en 1988. Il y a quelques semaines, celui-ci vient d'ailleurs d'en partir. Nicolas Sarkozy a participé à son pot de départ et raconté la première réunion du groupe RPR à laquelle ils ont assisté. Jean de Lipkowski avait lancé à Jacques Chirac, qui venait d'essuyer une défaite humiliante face à François Mitterrand : « Vous ne serez jamais élu président de la République car vous avez un débit de mitraillette. » Estrosi, alors ? L'entourage du candidat juge l'idée mauvaise. L'élu de la baie des Anges est trop ingérable. Cela va réveiller la guerre avec son ami devenu son ennemi, l'autre Niçois Éric Ciotti. Va donc pour Gérald Darmanin ! Après tout, le député du Nord passe bien auprès des élus. Il a très envie du job aussi ; cela n'est pas négligeable. Depuis des semaines, il est en campagne pour le décrocher.

« Le maire de Tourcoing aime bien se faire draguer. Mais il ne couche pas le premier soir ! » rigolait encore le trentenaire quelques mois plus tôt, à la fin de l'hiver 2016. Mais le printemps est arrivé, cela bourgeonne, il en a marre de conter fleurette et désire passer à l'acte. La primaire de la droite et du centre sera l'événement politique de l'automne. Et les campagnes, l'odeur de la poudre, ça l'excite ! Il adore *Le Président*, le film consacré à l'ultime compétition électorale livrée par Georges Frêche lors des régionales de 2010[1] en Languedoc-Roussillon, à la crudité troublante. « La politique, c'est quand même fait par des gens particuliers », fait-il remarquer, au sujet de cet ancien socialiste tonitruant. Même si Xavier Bertrand, qui n'est

1. Yves Jeuland, *Le Président*, 2010.

finalement pas sur la ligne de départ après avoir emporté la présidence des Hauts-de-France, en décembre 2015, lui conseille d'attendre, le jeune ambitieux n'a pas envie de rester sans prétendant. Il veut participer au bal. Il a même la volonté d'occuper un vrai rôle. « Gérald, depuis le début, son truc, c'est d'être au cœur de la campagne », me confie Édouard Philippe, constatant son agitation.

Après avoir beaucoup flirté avec tous les candidats, le maire de Tourcoing a maintenant les idées claires et un plan bien arrêté. Si, à six mois du scrutin, Alain Juppé est de loin en tête de tous les sondages, il ne croit pas à la victoire finale du maire de Bordeaux. « Il est en train de perdre l'imperdable », juge-t-il. Pour s'imposer dans le jeu, il a eu une idée : il a rédigé un long texte sur la place de l'islam en France, qu'il a envoyé à tous ceux qui sont sur la ligne de départ. L'ancien Premier ministre l'a convié à son bureau pour en discuter. « Je l'ai lu, lui a-t-il lancé. Il y a quelques idées intéressantes. On va le faire réécrire par Maël de Calan [jeune tête pensante de la droite en charge de son projet] et on pourra en faire quelque chose. » On a connu plus stimulant. Et puis quelle place lui serait-il réservée ? « Juppé ne traite même pas Xavier Bertrand », acte-t-il.

Pourtant, dans l'entourage du maire de Bordeaux, on aimerait vraiment le faire venir. Gilles Boyer, le directeur de campagne, connaît depuis cinq ans Gérald Darmanin ; il ne sous-estime pas son talent. Il a fait passer le message à son patron : « S'il le faut, on peut créer pour lui une place spéciale dans l'organigramme. » Mais Alain Juppé n'a pas vraiment rebondi. Les autres ? François Fillon ? Ce n'est pas sa droite. Bruno Le Maire ? Ce n'est pas son genre. Sébastien Lecornu n'a jamais cru à son soutien au héraut du renouveau : « Bruno mange trop proprement pour lui. » Sarko, en revanche…

Depuis toujours, Gérald Darmanin a une conviction : la politique est une valeur relative ; ce qui compte, ce n'est pas d'avoir 20 sur 20, c'est d'être meilleur, le moment venu, que les autres. Et justement, il trouve que l'ancien chef de l'État demeure le plus redoutable, le plus professionnel. Pour lui, il est le seul à avoir un discours aux accents populaires. « Les autres candidats sont bons dans la baisse des charges. Ils proposent une politique plus économique que sociale. C'est les élites contre le peuple ! Juppé, Le Maire, Fillon se répartissent la France de l'Ouest et du Sud-Ouest, celle qui va bien, assène le député du Nord, qui trouve leur positionnement bien trop libéral. Sarkozy, lui, c'est l'anti-notable. » Il pense qu'il va gagner. Au fond, l'animal le fascine.

Il n'en demeure pas moins un léger problème. À la fin de 2015, il a pris ses distances avec l'ex-président. À l'occasion du départ de la direction du parti de Nathalie Kosciusko-Morizet, qui veut être candidate à la primaire, Nicolas Sarkozy a remanié son équipe. Il a nommé Laurent Wauquiez vice-président. Le maire de Tourcoing ne l'a pas supporté. Il a demandé de nouveau la fonction de secrétaire général. C'est selon lui le seul moyen d'équilibrer la ligne trop droitière de Laurent Wauquiez. Depuis des mois, il trouve déjà que l'axe du parti est complètement déséquilibré et que Nicolas Sarkozy parle encore trop comme en 2012, pas assez comme en 2007. Même si l'ex-chef de l'État ne pardonnera jamais à Patrick Buisson d'avoir enregistré à son insu leurs conversations, les restes de l'influence du stratège se font toujours trop sentir à son goût. Mais une nouvelle fois, Nicolas Sarkozy ne lui donne pas satisfaction. Entre eux, les mots volent haut. « Tu me dois tout », estime l'ancien locataire de l'Élysée. « Je ne vous dois rien. J'ai été élu député quand vous avez été battu. Je suis maire d'une ville qui a voté à 60 % pour François Hollande. Je n'ai jamais dit que je voterais pour vous à la primaire », réplique le trentenaire, qui a pour principe de ne jamais se laisser engueuler. Nicolas Sarkozy lui reproche aussi des mots acerbes que Xavier Bertrand a eus contre lui, après son élection dans les Hauts-de-France. « Je ne suis pas Xavier Bertrand », riposte le maire de Tourcoing, qui a l'impression, pour la première fois, que le président des Républicains l'a enfin compris.

Or, aujourd'hui il veut se rabibocher avec celui-ci ! Il se dit même que, s'il jouait bien, il pourrait décrocher la conduite de sa campagne. Gérald Darmanin multiplie donc les offres pressantes de service auprès des sarkozystes qui ont l'oreille du patron. Il rencontre en tête à tête Frédéric Péchenard, Brice Hortefeux, le sénateur de Paris Pierre Charon et leur garantit qu'il est revenu à de meilleurs sentiments. Il voit François Baroin car on lui a fait comprendre qu'il serait particulièrement mis en avant par l'ex-chef de l'État. Il sait aussi que la réflexion sur l'islam qu'il a couchée sur le papier peut être un atout dans son jeu. Sur le fond, Nicolas Sarkozy désire mettre ce sujet, qui mobilise la droite, au cœur du débat. Sur la forme, celui-ci est très attaché à l'écrit. Il estime qu'à une époque où le commentaire est permanent et où plus rien ne s'entend, c'est une manière de se distinguer et de se donner une autre dimension. Gérald Darmanin se réserve encore un geste. Il offre un livre à Nicolas Sarkozy. Pas n'importe lequel : *L'Homme à cheval* de Pierre Drieu La Rochelle. Nicolas Sarkozy ne le connaissait pas, même si, chez lui, dans sa collection d'autographes, il a eu, par le passé, une lettre de l'écrivain collabo. Le jeune homme, lui, l'adore. « Jaime Torrijos était lieutenant dans le régiment de cavalerie d'Agreda, qui tenait alors garnison à Cochabamba. Il était admiré et aimé des officiers et des soldats parce qu'il y avait dans son corps une force et une audace extraordinaires. Il était aimé des femmes pour la même raison. Quand je le connus sa renommée commençait à se répandre hors du régiment et de la ville. Il en jouissait insoucieusement. J'étais guitariste et… » Ce sont les premières lignes. « Il sait comment il faut faire avec les grands anciens », sourit Brice Hortefeux, qui n'est dupe de rien.

Nicolas Sarkozy le fait néanmoins lanterner. « Il sait faire bander un berger allemand avec un steak », s'amuse Thierry Solère, député LR des Hauts-de-Seine, très proche de Gérald Darmanin. Allez, il est néanmoins temps de passer à table ! À la fin de l'été, l'ancien président invite le maire de Tourcoing à déjeuner au cap Nègre, la demeure de la famille de Carla qui offre une vue sans pareille sur la Méditerranée. Le trentenaire a réussi son coup. Il lui propose de diriger sa campagne. « Avec les autres, tu te serais emmerdé ! » Pour autant, ses débuts ne sont pas simples. La garde rapprochée du patron se méfie ; elle trouve qu'il tire trop la couverture à lui. Elle ne le convie pas aux réunions organisées le dimanche en fin d'après-midi au domicile parisien du candidat, auxquelles n'assiste aucun élu. Coriace, Gérald Darmanin parvient à forcer la porte et à apporter sa touche. Il obtient notamment que le candidat fasse une tournée des gymnases de villes moyennes et petites plutôt que celle des Zénith des métropoles. « La primaire, c'est "Au théâtre ce soir" », argue-t-il. Ça commence mal. Pour le premier meeting, à Châteaurenard, dans les Bouches-du-Rhône – 16 000 habitants – il y a un gros problème de son. À l'issue de la réunion, Darmanin n'en mène pas large et promet que cela ne se reproduira plus. « Comme cela, ça se verra que c'est populaire », l'exempte Sarkozy.

Mais, tout au long de cette campagne, il n'y aura pas qu'un aléa acoustique. L'histoire ne décolle pas. Nicolas Sarkozy s'enferme dans son duel avec Alain Juppé. Il refuse de voir le rejet dont il est l'objet – « Les gens se disent que j'ai des défauts, mais quand ils me regardent, ils se disent : "Dans le fond…" » – et que c'est un puissant moteur de participation. Pas plus que les autres, il n'anticipe la spectaculaire ascension de François Fillon. Pis : quand celle-ci démarre, il y voit une bonne nouvelle car il juge que son ancien Premier ministre prend d'abord sur le maire de Bordeaux. « Il ne faut pas que François Fillon devienne l'alternative aux anti-juppéistes », s'inquiète quand même Brice Hortefeux. L'ex-chef de l'État n'y croit pas une minute.

« Une primaire, c'est un championnat de boxe. Si la dame au premier rang n'entend pas le bruit des coups, elle est déçue[1] », avait fanfaronné Nicolas Sarkozy, à l'entrée du match. Mais le boxeur est fatigué ; il ne s'est pas renouvelé depuis 2012. Très vite, il a le sentiment qu'il y a un élément qui lui échappe : « Cette primaire, c'est quelque chose. Le père ne dictera pas son vote à son fils, l'élu n'arrivera pas à commander le vote de son collaborateur. Je ne sais pas ce que cela donnera, mais c'est un moment de liberté politique. »

Sur le moment, Gérald a tenu à noter noir sur blanc la réflexion de l'ex-président. De toute façon, il note tout. Il a toujours tout noté. Durant

1. Citation extraite du livre de Guillaume Larrivé, *Le Coup d'État Macron. Le Prince contre la Nation*, Éditions de l'Observatoire, 2018.

la campagne, il remplit ainsi, à l'encre bleue, quatre carnets Moleskine de confidences de l'ancien chef de l'État. « J'apprends beaucoup. C'est un athlète de haut niveau. Il n'y a pas de petite réunion, pas de petit média. Rien d'improvisé », confie-t-il, admiratif. Lui-même aspire à ces leçons quotidiennes. Un jour, il demande à Nicolas Sarkozy le moment où il a le plus appris. « Sous Balladur, affirme celui-ci. À ses ministres il intimait de venir sans collaborateur et sans notes. » Une autre fois, il l'interroge sur les raisons qui ont fait qu'il n'a pas promu Jean-Louis Borloo à Matignon en 2010 pour remplacer François Fillon, comme il l'avait un temps envisagé. « Je ne me voyais pas nommer un Premier ministre qui ne répondait pas au téléphone. » Aux proches du candidat, le cadet avance qu'il n'a pas envie d'être ministre, une fois la présidentielle gagnée, mais aux côtés de cet aîné unique, en tant que conseiller politique. « Je veux continuer à apprendre avec lui. » Désormais, entre Nicolas Sarkozy et Gérald Darmanin, tout a changé. Un autre rapport s'est noué. Amical, paternel, indestructible.

Dans la dernière ligne droite, alors que tout semble sans espoir, certains relèvent pourtant que le coordinateur de la campagne commence à se faire absent. Il participe moins aux réunions. Certains jours, on ne sait pas où il est passé. Heureusement Christian Jacob est peu sujet aux états d'âme ; le chiraquien le supplée. Cela alimente un peu plus les soupçons de certains fidèles : ils ont de toute façon toujours pensé que le maire de Tourcoing était vendu aux juppéistes, à qui il rapporte tout. Brice Hortefeux fait remarquer au candidat ces troublantes absences. Nicolas Sarkozy refuse de l'entendre. « Ce n'est pas le sujet ! » rétorque-t-il. Lui a toute confiance en Gérald. Durant la campagne, à la fin, il est l'un des seuls à qui il s'est laissé aller à glisser à l'oreille : « Tu sais, si je perds, c'est pas grave, je l'ai déjà été. » À la veille du premier tour, il l'emmène au Parc des Princes.

Le parti qatari l'emportera 2 à 0 sur les Canaris. Pour lui, le lendemain tout sera fini. *Game over.*

« Le croiser n'est pas sans conséquence »

« Pour gagner au casino, il faut prendre des risques. Les risques, c'est la vie. Celui qui joue tous les numéros en même temps, le zéro et les deux couleurs, il risque pas de gagner quelque chose… » Cet adage sarkozyste-là, Gérald Darmanin l'a aussi noté dans son carnet. En avait-il vraiment besoin ? Il a toujours pensé la même chose que l'ex-chef de l'État. Il le formule simplement autrement : « La vie est plus dangereuse que la politique car, dans la vie, on ne meurt qu'une fois, alors qu'en politique on peut mourir plusieurs fois. »

Autant dire qu'avec une telle philosophie on n'hésite pas longtemps quand un président de la République, encore ruisselant de son triomphe, vous offre d'entrer à une place jalousée, dans son gouvernement, même si pour cela vous devez changer de camp. « Gérald Darmanin, ministre de l'Action et des Comptes publics. » 17 mai 2017. Alexis Kohler, le secrétaire général de l'Élysée, égrène, sur le perron de l'Élysée, la composition de l'équipe qu'Édouard Philippe va diriger. Le maire de Tourcoing est à Paris, chez un ami. Il regarde la télévision. Avec son smartphone, il filme la scène retransmise en direct. Aussitôt après, il enverra la vidéo à sa mère, qui lui voue une adoration sans bornes. Le fils de la femme de ménage est au gouvernement ! Le chanteur du métro, un simple diplôme de Sciences po Lille en poche, fait la nique à tous ces énarques qui l'ont toujours pris de haut ! Le week-end suivant, de retour à Tourcoing, il aura du mal à acheter ses croissants : les habitants assaillent l'enfant prodigue d'une ville qui n'avait jamais compté de ministre. À 34 ans, Gérald Darmanin peut désormais donner une définition exacte du mot étourdissement.

Pour lui, la politique est définitivement une adrénaline à nulle autre pareille. Il raffole de sa part de jeu avec ces coups de billard à trois bandes que l'on échafaude dans le moindre détail pour parvenir à ses fins. Il adore sa part de hasard avec ces coups du sort qui remettent soudain tout en cause, ouvrent des perspectives qu'on n'avait pas vues et qu'il faut savoir, en un instant, saisir. Il y a quelques mois, il était à terre, sonné, déprimé par l'échec de Nicolas Sarkozy à la primaire. Pour lui, c'était sa première défaite. Pour une fois, il s'était trompé, son nez l'avait lâché. Sur lui-même il venait de faire une découverte essentielle : il n'était pas infaillible. Cela l'avait ébranlé. Très vite, il a choisi de se tenir loin de la campagne de François Fillon, au programme si peu en phase avec les aspirations populaires. Très vite, il a deviné sa défaite inéluctable. Pour la droite, les prochaines années promettaient d'être sombres. Gérald Darmanin songeait à prendre un peu de distance avec la politique nationale. Son pote Pierre Giacometti lui proposait de l'embaucher dans son agence de conseil et de communication, No Com. Une expérience dans le privé à côté de son mandat de maire de Tourcoing, cela le tentait bien. Et puis…

« Le président met au Budget un type qui a fait un Institut d'études politiques de province. Il est transgressif partout. C'est ce qui me plaît », s'enthousiasme-t-il, juste après sa nomination à Bercy. Le jeune élu des Républicains est sorti emballé de son rendez-vous à l'Élysée avec Emmanuel Macron, le soir de son investiture. « C'est Sarkozy qui aurait été major de l'ENA. Il a la même capacité d'attraction, pas forcément le charisme, mais il est plus calme et hiérarchisé. On sent qu'il a une intelligence vive, cela turbine », me confie-t-il. Comme beaucoup, il a été happé par ses yeux, qui s'accrochent aux vôtres, ne vous lâchent plus, vous font croire qu'il n'y a plus que vous au monde : « C'est la première chose qui m'a frappé chez lui. Le croiser n'est pas sans conséquence. Avec lui, vous vivez une expérience. »

Gérald Darmanin est sous le charme d'un homme qui n'a que cinq ans de plus que lui, et qu'il n'a, comme tant d'autres, pas vu venir. « Il y a quand même des lois de la gravité en politique », assénait-il en septembre 2016. Alors qu'Emmanuel Macron venait de rompre avec François Hollande et d'entamer son irrésistible ascension en dehors de tous les partis, il croyait toujours dur comme fer à la robustesse des règles du vieux monde. En janvier, dans une tribune publiée par le quotidien *L'Opinion*, l'élu LR du Nord se moquait encore du « bobopulisme de M. Macron. Un populisme chic, avec un beau sourire, de beaux costumes, une belle histoire. Il dit, comme dans le roman de George Orwell, le contraire de ce qu'il est ("Je suis contre le système"), alors qu'il est bien sûr le pur produit du système. On ne fait pas mieux : beaux quartiers, belles études, belle fortune, belles relations. » L'ai-je bien descendu ? Allez, c'est du passé, n'en parlons plus – le chef de l'État ne lui en touchera d'ailleurs jamais un mot.

Une volte-face, quelle volte-face ? Les Républicains accusent Gérald Darmanin, comme Édouard Philippe et Bruno Le Maire, de trahir les siens, d'agir par opportunisme, de piétiner ses valeurs. « Préférer notre pays à notre parti a toujours été le credo des gaullistes », répond le nouveau ministre de l'Action et des Comptes publics pour sa défense. Dans son bureau situé au cinquième étage de Bercy, il a d'ailleurs entreposé une affiche pro de Gaulle lors du référendum de 1962. Pour le maire de Tourcoing, ce n'est pas un divorce à la légère. Pendant plus de la moitié de sa vie, il a eu une carte d'adhérent du RPR, de l'UMP, des Républicains. Avant d'être lui-même élu, il a distribué des centaines de tracts, sur les marchés, pour Philippe Séguin lors des municipales à Paris en 2001, pour Jacques Chirac lors de la présidentielle en 2002, se faisant copieusement engueuler pour sa promotion de « supermenteur ». Il a assisté à des dizaines de meetings et rangé les chaises à la fin. Chassé en meute les socialistes, mais aussi les filles lors de ces universités d'été des jeunes qui se terminaient bien souvent en orgie suralcoolisée et qui aujourd'hui n'existent plus.

Désormais, pour lui, le temps de la séparation des corps est venu. Gérald Darmanin s'estime délié de toute obligation vis-à-vis d'une famille qui l'a déçu. Il l'a vue s'effondrer petit à petit depuis 2012, après l'échec de Nicolas Sarkozy, faute d'avoir mené un vrai travail de fond. Il l'a vue se droitiser de plus en plus, prise en otage par Sens commun, l'émanation de La Manif pour tous au sein des Républicains. Aujourd'hui, il juge qu'avec la gauche de gouvernement « les différences sont de degré plutôt que de nature », que c'est d'abord contre l'extrême droite qu'il faut lutter. Au lendemain du premier tour de la présidentielle, sous la pression de Laurent Wauquiez qui préparait son offensive sur le parti, Les Républicains se sont contentés d'appeler « à battre Marine Le Pen ». Lui courait les plateaux télé pour condamner cette consigne de vote minimale et mettre en garde sur les risques de voir la patronne du FN l'emporter sur Emmanuel Macron. Personne n'y croyait. Les sondages ne laissaient pas place au moindre doute. Lui prétendait le contraire. « La ficelle est un peu grosse », n'avait pu s'empêcher d'ironiser Brice Hortefeux, lorsqu'il l'avait croisé. Le député européen y voyait d'abord de la tactique interne. Gérald Darmanin n'en démordait pas. Ensemble, ils avaient parié une bouteille de champagne.

Brice Hortefeux ne l'a jamais reçu. L'ex-jeune espoir de la droite préfère dorénavant trinquer avec d'autres. Il ne perd pas une minute pour partir à la conquête de sa famille d'accueil. Dans ce « nouveau monde », tout est neuf, tout brille, tout est à prendre surtout. À peine installé à Bercy, Gérald Darmanin est l'un des rares ministres à s'investir pleinement dans les élections législatives de juin et multiplier les déplacements pour soutenir les candidats d'En Marche !. Xavier Bertrand observe, en expert : « Il a compris que c'était le meilleur moyen de tisser des liens avec cette future majorité, où il ne connaît quasiment personne. » Éric Ciotti avale, lui, de travers. Le nouveau ministre de l'Action et des Comptes publics vient dans les Alpes-Maritimes s'afficher avec son adversaire. Le député LR pensait pourtant qu'ils étaient plutôt copains. Il y a encore six mois, c'était début novembre, trois semaines avant le premier tour de la primaire, Nicolas Sarkozy les avait invités ensemble à déjeuner au cap Nègre. Éric avait ensuite ramené Gérald, en voiture, chez son père qui habite à Fréjus. « Darmanin est là en mission pour déstabiliser la droite. C'est sa seule plus-value », s'étrangle Ciotti. L'ex-chef de l'État a même proposé de jouer les conciliateurs et d'appeler son protégé pour qu'il annule sa venue. « Laisse », lui a répondu le Niçois. Il sera réélu.

Le pouvoir macroniste, lui, emportera largement les élections législatives. Le ministre de l'Action et des Comptes publics poursuit de plus belle son entreprise. Il donne son portable à tous les députés de la majorité. Sur Telegram, il met en place une boucle destinée notamment aux membres de la majorité qui siège à la commission des Finances. À la moindre question, la réponse, précise, personnalisée, fuse en moins d'une demi-heure. Souvent elle est signée directement de ses doigts. Il invite également tous les assistants parlementaires des députés de la majorité à Bercy. Il reste trois heures en leur compagnie. C'est le seul ministre du gouvernement à le faire.

Dans l'hémicycle de l'Assemblée nationale, lors des séances de questions au gouvernement, il n'a pas encore ouvert la bouche que la majorité l'applaudit. Quand Gérald Darmanin était lui-même député, il avait été très impressionné par l'aisance et l'aplomb de Jérôme Cahuzac. L'ancien ministre socialiste du Budget n'hésitait jamais à boxer l'adversaire, le mettant souvent K.-O. Son successeur enfile ses gants à son tour et s'emploie à renvoyer dans les cordes tous les détracteurs du nouveau pouvoir en général et ses anciens compagnons des Républicains en particulier. « Les députés LREM adorent Gérald car il cogne », s'enthousiasme-t-on à Matignon. La droite, elle, s'étouffe et juge que ce ne sont pas des façons. En pleine séance de questions, Guillaume Larrivé, député LR de l'Yonne, n'y tient plus et réplique par SMS. « Salut, Gérald, la question que je me pose : à quel moment Darmanin voudra être le Macron de Macron ? » lui écrit-il, faisant référence au comportement qu'avait eu l'ancien secrétaire général de l'Élysée et ministre de l'Économie vis-à-vis de celui qui l'a nommé et qu'il a servi, François Hollande. « Tu as le panache du traître », lui lance Aurélien Pradié, qui a longtemps été un ami. Gérald Darmanin l'a invité à Bercy pour lui vanter les charmes de la nouvelle majorité. Le député LR du Lot reste insensible, mais veut prendre date : « Tu ne seras jamais dans le cœur de ceux que tu as rejoints. Pour l'instant, ils t'aiment bien car tu es très utile. Mais après ? Qu'est-ce que tu vas faire ? Tu ne pourras jamais revenir parmi nous. » Le ministre de l'Action et des Comptes publics sourit. À son hôte, il a, durant un long moment, voulu montrer la vue imprenable qu'il a de son bureau. À ses pieds, il y a la Seine, Paris, le monde…

« Le soldat communiste doit être dans le peuple comme un poisson dans l'eau. » Gérald Darmanin aime citer Mao. Le quinquennat n'a pas six mois qu'il est déjà incontournable. Dans un gouvernement où la part belle a été faite à la société civile, il est l'un des rares politiques. L'ancien LR prend sa carte à La République en marche. Emmanuel Macron a beaucoup insisté pour qu'il le fasse. Le chef de l'État sollicite de plus en plus souvent son avis. Il le convie aux dîners mensuels de la majorité à l'Élysée. Souvent, l'ancien maire de Tourcoing parle dans les deux ou trois premiers et Emmanuel Macron prend des notes. « Il donne beaucoup d'informations au président, constate, subjugué, François Patriat, le patron du groupe macroniste au Sénat, venu du parti socialiste. Il a du bon sens, il fait de la politique, pense comme le peuple. Ce type, c'est un avion de haut vol. » Lorsqu'une deuxième plainte d'une habitante de Tourcoing, qui prétend avoir dû accorder des faveurs sexuelles au maire pour obtenir un logement, sera déposée, un autre participant sera impressionné par la sérénité et le calme du trentenaire. Avec le recul, c'est une autre de ses qualités qui sera remarquée. C'est encore l'hiver, quand au cours d'un de ces repas, l'élu du Nord alerte : il faut faire attention à tout ce qui touche la voiture. Essence, péages, assurance, il y a beaucoup de hausses ; prenons garde à ne pas provoquer un ras-le-bol. Plus tard, quand l'accident se sera produit à l'automne suivant, Richard Ferrand lui reconnaîtra d'avoir eu raison avant tout le monde.

Tracer des perspectives, essayer de voir loin : c'est aussi un des grands talents que Gérald Darmanin a toujours trouvé à Nicolas Sarkozy. Pour les petites choses du quotidien, il met également ses pas dans les siens. « Il m'a appris ma force de travail, ma gestion du temps[1] », reconnaît-il. Interrogé, dans un livre[2], sur son organisation, le locataire de Bercy répond : « Je signe les notes rédigées par mon administration seulement quand je comprends. Si je comprends, je comprends, si je ne comprends pas, j'appelle le spécialiste. » Cela ne vous rappelle rien ? Il demande à ses collaborateurs de lire la presse à sa place et de la lui raconter. Lui ne veut pas l'ouvrir : « C'est comme cela que fait Sarkozy ! » Déjà, il a pris l'habitude de mettre systématiquement une cravate à chaque émission. « Quand on va à la télé, on va chez les gens », a toujours professé l'ancien chef de l'État. Autour de lui, Gérald Darmanin a constitué un cabinet de dix personnes, qui lui sont

1. Entretien avec l'auteur, le 7 février 2019.

2. Frédéric Métezeau, *Vieux renards et jeunes loups*, L'Archipel, 2019.

entièrement dévouées, en qui il a une confiance absolue, qu'il associe pleinement à son ascension. Nicolas Sarkozy, lui, avait sa « firme ».

En novembre 2017, le ministre de l'Action et des Comptes publics publie son livre, *Chroniques de l'ancien monde*. Son éditrice est la même que celle de l'ancien président, Muriel Beyer. Il a d'ailleurs donné, avant parution, son manuscrit à relire à celui-ci. Pour célébrer sa sortie, Gérald Darmanin organise un grand cocktail dans son appartement privé, à Bercy. Ce n'est pas le premier. Ce ne sera pas le dernier. Il fait ça à deux ou trois reprises par an. Chaque fois, une quarantaine de personnes de tous les horizons sont invitées. Le brassage est toujours habilement composé. On peut y croiser Thierry Solère et Sébastien Lecornu, ses potes, Nathalie Kosciusko-Morizet, avant qu'elle soit partie s'installer à New York, Patrick Stefanini, l'ancien directeur de campagne de François Fillon, Claude Bartolone, qui a été président socialiste de l'Assemblée nationale, Malek Boutih, l'ex-député PS, Alain Weill, le P-DG de BFM-TV, des patrons, des parlementaires, des ambassadeurs, mais aussi Miss France.

À l'époque où il commençait son ascension, Nicolas Sarkozy, aidé de Cécilia, avait su faire de son passage à Bercy une belle occasion d'enrichir son carnet d'adresses. Cela rappelle encore un autre temps moins lointain. Lorsque Emmanuel Macron était ministre de l'Économie, il avait fait de même, épaulé par Brigitte. Les salons ne désemplissaient pas !

À Bercy, le ministre de l'Action et des Comptes publics occupe l'ancien appartement du couple présidentiel. « Gérald, invitez-nous, cela nous rappellera des souvenirs », lui a d'ailleurs lancé une fois la première dame. Le chef de l'État est, lui, toujours en lien avec un des majordomes, à qui, fréquemment, après un match du PSG, il envoie un SMS pour le commenter. À Gérald Darmanin, il écrit aussi très souvent. Comme Nicolas Sarkozy, il l'appelle régulièrement. Les deux présidents sont ceux qui prennent le plus de nouvelles de son père, gravement malade, qui décédera à l'hiver 2019.

« C'est un power couple »

Gérald Darmanin s'est fixé une règle. Chaque fois qu'il voit Nicolas Sarkozy, c'est-à-dire souvent, il en informe Emmanuel Macron. En ce milieu du mois d'août 2017, le ministre de l'Action et des Comptes publics va rendre visite à l'ancien président au cap Nègre. C'est désormais un habitué. Sébastien Lecornu, avec qui il a passé quelques jours de vacances en Corse, l'accompagne. Le secrétaire d'État auprès de Nicolas Hulot, également apprécié de l'ancien chef de l'État et de Carla, découvre, lui, la beauté des lieux. Cette fois encore, Gérald Darmanin n'a pas dérogé au principe qu'il s'est donné. Il a adressé, comme son meilleur ami, un message à l'actuel président de la République. Dans sa réponse, Emmanuel Macron a associé Brigitte : « Embrassez pour nous le couple Sarkozy. »

Cela fait un peu plus d'un mois qu'ils ont fait connaissance. Le 5 juillet, les Macron ont invité les Sarkozy à dîner, à l'Élysée. Entre heureux du monde, on s'est découvert. Entre puissants, on s'est vite compris. Ce fut un moment exquis. Exceptionnellement, Nicolas Sarkozy retrouvera très tard son lit. Ce soir, la discussion s'éternisera dans la nuit.

Lors du repas, l'aîné a scruté avec intérêt un cadet qu'il connaît si peu, entré, comme lui, dans la grande Histoire. Il a beaucoup apprécié Brigitte. « Une femme très bien. » Comment pourrait-il en être autrement puisque l'ancienne professeure de français lui a confié avoir voté par le passé pour lui, comme il s'en vantera les jours suivants ? Il l'a trouvée aussi charmante avec Carla. Entre elles, le courant est bien passé. La chanteuse a multiplié les conseils à la première dame, un peu angoissée par sa nouvelle vie. Les deux femmes partagent également une alliée commune, Mimi Marchand. Après avoir longtemps été proche de l'ex-mannequin, la patronne de Bestimage épaule maintenant Brigitte dans l'univers sans foi ni loi des médias people.

Le lendemain, le verdict de Nicolas Sarkozy est tombé : « C'est un power couple. » Ce dîner n'a néanmoins pas levé pour lui tous les mystères. Au contraire. C'est peu dire qu'Emmanuel Macron l'intrigue. Ses vingt-quatre années d'écart avec son épouse, notamment. Comment un homme peut-il vivre avec une femme qui a quasiment un quart de siècle de plus que lui ? Pourquoi le chef de l'État n'a-t-il pas d'enfants ? Cet homme s'amuse-t-il un tant soit peu dans la vie ? À ses yeux, tout cela fait de lui un personnage lunaire. Les semaines qui suivent, il ne cesse d'interroger ses proches, tous ceux qu'il rencontre, à son sujet. Au retour de l'été, il croise Bruno Le Maire dans le salon VIP de Roissy. Le ministre de l'Économie et des Finances revient d'Italie. Nicolas Sarkozy s'apprête à décoller pour le Mexique. « Qu'est-ce que tu penses du couple Macron, Bruno ? »

Le nouveau président et lui ne se sont jamais affrontés. Entre eux, il n'y a aucun cadavre dans le placard. Cela aide. Ils ont vingt-trois ans de différence ; l'un a sa carrière politique devant lui et l'autre, il l'a juré le soir de sa défaite au premier tour de la primaire, derrière lui. Quel sens cela aurait-il de ne pas s'entendre ? Comme beaucoup, l'ancien chef de l'État n'a pas vu débarquer dans le jeu l'ex-secrétaire général adjoint de François Hollande à l'Élysée. Il n'a jamais imaginé qu'il emporterait tout avec lui sur son passage, la droite, la gauche, un système qu'on pensait indéboulonnable. Régulièrement, quand il était à la tête des Républicains, Sébastien Proto pourtant l'alertait, le dimanche soir, quand la petite équipe sarkozyste se retrouvait au domicile du patron : « Attention, Macron a encore levé beaucoup d'argent à Londres. » Le banquier était bien placé pour le savoir. Si cela n'était pas l'indice le plus limpide qu'il s'apprêtait à se lancer en campagne… Chaque fois, Nicolas Sarkozy faisait une moue pas possible. Combien de fois faudrait-il le répéter ? La politique, c'est un parcours initiatique. Il faut vingt ans de mains serrées, de discours prononcés, de gymnases écumés, vingt ans d'échecs, de succès, de liens tissés avec les Français pour espérer entrer à l'Élysée. C'est aussi pourquoi, au premier semestre 2016, Carla et lui avaient donné, sans difficulté, l'autorisation à Sébastien Valente, leur photographe officiel, approché par les Macron, de travailler également avec eux. Où était le problème ? Le ministre et sa femme ne couraient pas dans la même catégorie. Quelques mois plus tard, à 39 ans, sans s'être jamais présenté à la moindre élection auparavant, Emmanuel Macron accède à l'Élysée.

L'inexpérience n'interdit pas l'habileté. Dès son intronisation, le nouveau chef de l'État donne la consigne à tout son entourage. Il entend que cela se passe bien avec Nicolas Sarkozy. Lui-même n'est pas économe de ses gestes. Sous le quinquennat

Hollande, les huit officiers qui assurent la sécurité de l'ancien président n'ont eu droit à aucun avancement. Emmanuel Macron fait, entre autres, promouvoir son chauffeur, qui passe du rang de brigadier à celui de brigadier-chef. Il appelle Nicolas Sarkozy pour le décès de sa mère, Andrée. Met en place une escorte de motards pour faciliter la circulation du convoi funéraire, le jour de l'enterrement[1]. Nicolas Sarkozy, comme ses frères Guillaume et François, apprécie particulièrement cette attention. À l'occasion de la nouvelle année, le nouveau locataire de l'Élysée décroche encore son téléphone pour lui présenter ses vœux. L'ancien chef de l'État le reconnaît : « Entre nous, cela se passe très bien, il se comporte très bien. Je n'ai pas de reproche à lui faire. » L'élégance du comportement a toujours été pour lui un point essentiel. « Il y a des choses qui me blessent et des choses qui me font plaisir », a-t-il coutume de répéter. Le jeune président ne s'est pas trompé de catégorie. « Ce qui compte chez Nicolas Sarkozy, c'est qu'on respecte son parcours, sa personnalité, ce qu'il représente aux yeux des Français, sa femme et ses amis.

1. Information extraite de l'article « Pourquoi Sarkozy épargne Macron », de Saïd Mahrane, lepoint.fr, 17 décembre 2018.

Emmanuel Macron le fait déjà assez naturellement, mais encore plus avec Nicolas Sarkozy[1] », souligne Gérald Darmanin.

Entre eux, il y a aussi François Hollande. La phrase est à lire au propre comme au figuré. Nicolas Sarkozy vomit son successeur ; Emmanuel Macron a une piètre opinion de son prédécesseur. Ce double mépris est un autre lien unificateur. « Au final, c'est comme s'ils voulaient enjamber le quinquennat Hollande et instaurer une forme de continuité », note Sébastien Lecornu. Sitôt son installation à l'Élysée, Emmanuel Macron a tout fait pour montrer que les temps avaient changé, qu'il serait l'exact opposé de l'ancien locataire socialiste, qui n'a pas pu se représenter, notamment à cause de son ambition. Pour cela, il choisit de n'avoir aucun contact avec lui. En plus, à quoi cela servirait-il ? « Sarkozy peut m'être utile. Et puis je lui reconnais des intuitions fulgurantes ! Alors que Hollande[2]… » a-t-il lâché à un visiteur qui tentait de le ramener à de meilleurs sentiments à l'endroit de son ancien patron.

« Tout ce qu'il a fait à Hollande, c'est ce que j'ai fait à Chirac », observe Nicolas Sarkozy. Ce dernier

1. Entretien avec l'auteur, le 7 février 2019.

2. Nicolas Domenach et Maurice Szafran, *Le Tueur et le poète*, Albin Michel, 2019.

est soulagé de ne plus être seul avec celui qui l'a battu en 2012. Dieu que cela l'exaspérait d'être toujours comparé à ce « mauvais », cet « incapable », ce « nul ». Pour lui, il existe un club des présidents de la République et François Hollande ne méritait pas, à coup sûr, d'en être membre. Macron, cela a quand même une autre allure ; cela relève le niveau ! « Il est mieux depuis que Hollande n'est plus là », remarque alors l'ami Gérald. Nicolas Sarkozy n'en a pas pour autant de l'admiration pour Emmanuel Macron. Non, cela ne se situe pas sur ce terrain-là. Mais il lui reconnaît du culot et un certain savoir-faire. À lui maintenant de faire ses preuves. Dès le début de son quinquennat, il a posé sur la table, et aux yeux de tous puisque les propos se sont retrouvés fortuitement dans les colonnes du *Canard enchaîné*, les données de l'équation : « Si cela marche, Macron est un génie et il faudra s'incliner. Mais le plus probable est que cela se termine en farce. »

Dans cette nouvelle ère, Nicolas Sarkozy se fait donc plutôt discret. « Il ne veut pas gêner Emmanuel Macron », argue son entourage. Contrairement à 2012, il assume dorénavant l'étiquette d'ex. Pour la première fois, il prend vraiment un peu de champ avec la politique. Profite complètement de la vie. Hier, Julien Clerc et Maxime Le Forestier sont encore venus dîner chez Carla et lui. Demain, il ira applaudir Gérard Depardieu qui chante Barbara sur scène. Il y a quelques mois, l'acteur était venu dans sa maison du 16e arrondissement. « À mourir pour mourir, je choisis l'âge tendre… » Il avait commencé à interpréter quelques titres de la Dame en noir. « J'ai envie de faire ça. Tu en penses quoi, Nicolas ? » Bientôt, il accompagnera Carla qui démarre une tournée européenne. Il a aussi entamé une nouvelle carrière professionnelle. Jusqu'alors, il avait refusé de se lancer publiquement dans les affaires. Depuis le printemps, il est administrateur du groupe AccorHotels. « Cela me prend plus de temps que prévu », a-t-il dit à Brice Hortefeux, quand ils pouvaient encore se parler.

Régulièrement, Emmanuel Macron l'appelle pour échanger, prendre son avis. Nicolas Sarkozy ne boude pas son plaisir d'être sollicité par un homme qui a l'intelligence, même en privé, de ne jamais dire du mal de lui. L'ancien président insiste à son oreille sur l'importance de l'arrivée au pouvoir en Arabie saoudite du prince héritier Mohammed ben Salmane, qu'il a depuis longtemps repéré. Il lui fait part de son désaccord avec la flat tax (le prélèvement forfaitaire de 30 % sur les revenus du capital) que l'exécutif a mise en place en parallèle de la suppression de l'ISF. « Ça ne tient pas, s'agace-t-il devant un proche. Qu'est-ce que veut Macron ? Que les résidences secondaires soient aux mains des Russes et des Qataris ? » Cela tourne parfois au retour d'expérience. Au nouveau locataire de l'Élysée, il raconte comment, au début du quinquennat, il lui pesait de se rendre à des sommets internationaux et puis comment, avec le temps, la compagnie de ses homologues étrangers, qui vivaient la même chose que lui, était devenue précieuse. Avec lui, il partage le même diagnostic sur les conséquences qu'ont eu BFM-TV et son monopole sur le système politico-médiatique. « BFM, toute la journée, ça insécurise. Parce que tout va mal, tout le temps, partout, en boucle, sans le moindre répit… » juge Emmanuel Macron, qui regarde beaucoup les chaînes info. L'ex-chef de l'État, lui, le fait peu, mais cela ne l'empêche pas de trouver que le niveau est tombé bien bas. « Le "Je vous ai compris" de De Gaulle en 58, on verra combien de temps cela tient à BFM », lançait-il déjà durant la primaire. Six mois après le début du gouvernement, il constate qu'Emmanuel Macron « ne supporte déjà plus ses ministres ». Toute ressemblance… Il pense qu'il voyage trop à l'étranger – un autre de leurs prédécesseurs, Valéry Giscard d'Estaing, est du même avis. Il estime qu'il néglige les échanges avec « la France populaire, qu'il ne connaît pas ». Mais cela, il ne le lui dit pas.

« Emmanuel Macron est gentil avec vous pour vous neutraliser », lui a assuré un jour Rachida Dati. La députée européenne connaît un peu le nouveau locataire de l'Élysée par l'entremise de Jean-Pierre Jouyet. Elle se vante d'échanger régulièrement des SMS avec lui. Mais qui peut imaginer Nicolas Sarkozy né de la dernière pluie ? Dans cette relation, celui-ci trouve aussi tout son intérêt. Être proche de ce jeune chef de l'État, sur lequel les yeux du monde entier sont braqués, cela ne peut pas être mauvais pour lui, pour ses conférences, pour le business. Et puis on peut toujours avoir un service à demander. D'ailleurs, cela tombe bien. À l'été 2017, le PSG veut recruter le joueur star du FC Barcelone, Neymar. Le contrat record du Brésilien, les indemnités de transfert posent quelques questions fiscales compliquées à régler. Les dirigeants parisiens ont du mal à obtenir des réponses claires de l'administration. Ni une, ni deux. Nicolas Sarkozy joint l'exécutif. Le directeur de cabinet de Gérald Darmanin gérera le problème afin que ni le joueur, ni le club, ni l'État ne soient perdants.

D'ailleurs, cela tombe bien. Au premier semestre 2018, la reconduction du mandat de Stéphane

Richard à la tête d'Orange parvient à échéance. C'est un proche de Nicolas Sarkozy. Encore récemment, il l'a accueilli au cap Nègre. Il le défend en toute occasion. Les représentants de l'État appuieront la reconduction de Stéphane Richard. L'ex-chef de l'État trouve que c'est une très bonne décision. Il est toujours très sensible à ce qu'on traite bien ses amis. « Il y a des choses qui me blessent et des choses qui me font plaisir »...

Gérald Darmanin, lui, se tiendra loin de ce dossier. Le 21 juillet 2017, il a demandé, via une note, au directeur des affaires juridiques de Bercy de « ne [lui] adresser aucun élément relatif, en particulier, aux affaires concernant les sondages de l'Élysée[1] et, de manière plus générale, toutes affaires pouvant impliquer une mise en cause de l'ancien président de la République [...] afin d'écarter tout risque de conflit d'intérêts au regard de ses fonctions antérieures ». Stéphane Richard a en effet été renvoyé devant le tribunal correctionnel dans le cadre de l'arbitrage controversé en faveur de Bernard Tapie

1. Durant la présidence de Nicolas Sarkozy, l'Élysée a payé pour un montant de plusieurs millions d'euros des sondages portant sur des questions à caractère privé ou partisan. Les conditions dans lesquelles ces sondages ont été commandés sont mises en cause devant la justice. Un procès aura prochainement lieu.

décidé en 2008. Lors de la reconduction du patron d'Orange, une règle a été fixée : il devra démissionner s'il est définitivement condamné. Cette affaire est un legs du quinquennat Sarkozy[1]. L'ancien président sait que celui d'Emmanuel Macron devrait être celui de ses procès. Lorsque ce dernier est élu, il est sous le coup de deux mises en examen : l'une pour corruption active, trafic d'influences actif et recel de violation du secret professionnel dans l'affaire des écoutes (dite aussi Azibert) en marge du dossier Bettencourt, l'autre pour financement illégal de campagne électorale dans l'affaire Bygmalion. En mars 2018, c'est l'élection présidentielle de 2007 qui lui en vaut une troisième : soupçonné d'avoir financé sa campagne avec de l'argent libyen, il est mis en examen pour corruption passive, financement illégal de campagne électorale et recel de détournement de fonds publics. « Évidemment, il sait qu'Emmanuel Macron n'interviendra pas, mais s'il peut relâcher un peu la pression, ce sera déjà une bonne chose », susurre un proche. Nicolas Sarkozy est plus contrarié par les affaires qu'il ne veut bien le montrer.

---

1. Stéphane Richard était le directeur de cabinet de Christine Lagarde au ministère des Finances quand la décision a été prise.

« S'ils pouvaient me tuer, ils le feraient »

Dans l'air, il y a quelque chose qui crépite, cette effervescence que lui seul suscite. Sur le perron de Matignon, Édouard Philippe et Gérald Darmanin patientent. Une berline passe le porche, traverse la cour, s'arrête. Nicolas Sarkozy en descend. Il vient déjeuner avec le Premier ministre et le ministre de l'Action et des Comptes publics.

Ce 29 juin 2018, la table a été disposée sur la terrasse du pavillon de musique au fond du jardin de l'hôtel particulier du chef du gouvernement. Les trois hommes foulent la pelouse sous les regards de moult collaborateurs massés aux fenêtres. Entre eux, la conversation est à la fois joyeuse et très politique. L'ancien chef de l'État ne manque pas d'interroger l'ex-maire du Havre sur ses intentions pour la mairie de Paris en vue des municipales de 2020, car son nom revient régulièrement. Celui-ci lui fait une réponse de Normand. « Et vous, vous n'y avez jamais pensé ? » demande Gérald Darmanin. La question restera en suspens. Nicolas Sarkozy préfère raconter comment, quand il était ministre du Budget, il s'y prenait pour court-circuiter son ministre de tutelle, Edmond Alphandéry, et travailler directement avec Édouard Balladur, lors de la crise du franc de l'été 1993. « On le refera ! » lancera Édouard Philippe à son pote Gérald, après avoir, à l'issue du repas, raccompagné son invité du jour à sa voiture. Il a passé un moment « drôle, détendu, bienveillant ». Longtemps après, quand il y repensera, il se pincera encore.

Entre Nicolas Sarkozy et le Premier ministre, les relations ont longtemps été polaires. L'ancien patron de la droite ne supportait pas chez Édouard Philippe ce côté « Monsieur Je-sais-tout », ce petit air narquois qui lui donnait le sentiment qu'il se moquait de tout. Le maire du Havre trouvait, lui, une certaine forme de vulgarité dans la façon du patron de la droite de faire de la politique. Il avait aussi été très marqué par ce qu'il avait fait subir à Alain Juppé entre 2002 et 2004. Quand le maire de Bordeaux présidait l'UMP, le futur Premier ministre en était le directeur général. Le ministre de l'Intérieur mitraillait au quotidien le fils préféré de Jacques Chirac afin de le mettre hors jeu en vue de la présidentielle de 2007. « Les héritiers sont faits pour être guillotinés », disait-il à l'époque. La tête d'Alain Juppé avait roulé dans la sciure, comme il l'espérait. Le sang laisse des traces indélébiles.

C'était ainsi : on serait toujours dans le camp adverse, on n'aurait jamais peur de se rendre coup pour coup. Comme en 2015, par exemple, lorsque Nicolas Sarkozy a choisi de rebaptiser l'UMP. Désormais, ce sera Les Républicains. Publiquement, Édouard Philippe s'y oppose. Pour le président du parti, c'est ce qu'on va voir. Il choisit de tenir un meeting au Havre pour exposer aux militants les motivations de ce changement. Mais celui-ci est compliqué à organiser ; les collaborateurs sarkozystes n'arrivent pas à joindre Édouard Philippe ; le juppéiste ne répond pas à leurs appels. En pleine réunion avec eux, le patron de la droite demande qu'on compose son numéro. « Allô, Édouard, je voudrais venir chez toi, si, bien sûr, cela ne te pose pas de problème. » Philippe lui répond qu'il n'en a aucun. Avant de raccrocher, Nicolas Sarkozy ne résiste pas à un petit tacle : « Et puis, passe me voir quand tu voudras. Cela me fera plaisir. On discutera. J'ai lu ta dernière interview. Je te trouve plus intelligent à l'oral qu'à l'écrit, tu sais. » Le jour venu, sur les estrades, on se fera les sourires qui vont bien. Mais le lendemain du meeting, « Le Petit Journal », l'émission phare de Canal +, révélera, images volées à l'appui, que le patron du parti a voyagé en jet privé. Le Havre est pourtant à moins de deux cents bornes de Paris. Alors que l'UMP a de très lourdes difficultés financières, le coût du vol, 3 200 euros, fera polémique. L'entourage sarkozyste soupçonnera toujours Édouard Philippe d'être à l'origine de ce petit cadeau de bienvenue.

En fait, le sang ne laisse pas que des traces indélébiles. Entre eux, la haine a été passée à la machine. Tout est ressorti propre. Édouard Philippe peut situer l'exact moment où sa relation avec Nicolas Sarkozy a basculé. C'était le jour de sa prise de fonctions. Après avoir quitté l'Élysée et rejoint Matignon, où l'attend Bernard Cazeneuve pour la passation des pouvoirs, le maire du Havre s'est arrêté à l'Assemblée nationale. Dans son bureau, il appelle Alain Juppé, puis Nicolas Sarkozy. Il veut leur exposer de vive voix les raisons qui l'ont poussé à accepter l'offre d'Emmanuel Macron. « Tu fais bien, je comprends très bien », lui répond l'ex-chef de l'État. « Il a été hyper-gentil, raconte aujourd'hui Édouard Philippe. J'ai aussi compris après qu'il a dit beaucoup de bien sur cet échange. » Désormais, entre eux, tout rentrera dans l'ordre. Les deux hommes se vouvoient, se donnent du « Monsieur le Président », « Monsieur le Premier ministre ». Mais ils se sont découverts, ont appris à étonnamment s'apprécier.

Édouard Philippe juge Nicolas Sarkozy « très bien intentionné » à son égard. Quand son neveu a été poignardé en Israël, l'ex-chef de l'État lui a exposé sa sympathie. Il lui a également téléphoné lorsqu'il est allé au Sénat parler de la révision constitutionnelle menée sous son joug en 2008, alors que la réforme voulue en la matière par l'exécutif commençait à l'Assemblée nationale et que cela s'annonçait coton. Dans cette participation, il ne fallait voir rien d'autre, « Monsieur le Premier ministre », qu'un témoignage. Et puis, politiquement, pour le juppéiste, ce lien apaisé n'est pas inutile. Il l'a spécifié dès son arrivée à Matignon : il « reste un homme de droite ». Il continue donc à suivre scrupuleusement ce qui se passe sur le continent d'où il vient. Peut-être même devra-t-il y bâtir des choses un jour.

Nicolas Sarkozy, lui, trouve qu'Édouard Philippe ne démérite en rien à Matignon. L'ancien chef de l'État n'a pas changé d'avis : il estime toujours que le rôle d'un Premier ministre par rapport au président est d'être « un collaborateur ». Et en l'occurrence, il observe que l'ancien maire du Havre s'exécute comme il se doit. Au-delà d'une lecture institutionnelle, il y a également quelque chose de plus émotionnel, la patine du vécu. Il n'a jamais oublié comment il avait été mis au ban de la droite chiraquienne après son soutien à Édouard Balladur en 1995, comment il était devenu le pestiféré, celui dont on maculait de crachats le costume. En lui, la marque est éternelle. Dans le procès en traîtrise que font certains à droite à Édouard Philippe, comme à son ami Gérald, Nicolas Sarkozy préfère au fond être auprès de ces derniers. Qui sont-ils pour juger ? La vie n'est-elle pas un peu plus compliquée ?

La preuve. C'était trois jours avant la promotion du Havrais. « Si Édouard Philippe est nommé à Matignon, je ne connais plus rien à la politique », pronostiquait encore l'ex-chef de l'État, alors que le juppéiste faisait déjà figure de favori pour le poste. Décidément, ce « nouveau monde » a de drôles d'idées. À sa décharge, qui avait vraiment vu venir Édouard Philippe, malgré son mètre quatre-vingt-quatorze ? Très peu dans l'entourage d'Emmanuel Macron étaient au courant de ce qu'avait en tête le patron. Son nom n'avait commencé à apparaître qu'au soir du premier tour. Édouard Philippe ! Comment cela avait-il bien pu lui venir à l'esprit ? L'ex-ministre de l'Économie et le député de Seine-Maritime s'étaient croisés dans les couloirs de l'Assemblée, dans un ou deux pince-fesses, mais rien de plus que cela. Sur le plan politique, le maire du Havre était un lieutenant plutôt qu'un chef de courant. Il était inconnu des Français. En fait, deux hommes ont joué un rôle clé. Le premier est Alexis Kohler. S'il suit officiellement la campagne présidentielle de loin, l'ancien directeur de cabinet d'Emmanuel Macron à Bercy n'en est pas moins très influent. Celui qui sera son futur secrétaire général de l'Élysée connaît bien Édouard Philippe ; il établira le contact. Le second est Dominique Perben. L'ancien garde des Sceaux de Jacques Chirac, proche d'Alain Juppé, a rallié le candidat d'En Marche ! à la présidentielle il y a quelques semaines. Pour cet ex-RPR, la droite n'a pas de secret. Le 2 avril 2017, la nuit a déjà pointé le bout de son nez quand il reçoit un SMS. « Quel est le quadra ou quinqua qui est selon toi le plus compétent et le plus loyal ? » La question est signée d'Emmanuel Macron. Avant de pianoter sa réponse, Dominique Perben n'a guère hésité : « Édouard Philippe. » Le lendemain, il aura un autre message : « Merci du conseil. » Est-ce ainsi que tout a démarré ?

L'homme aux deux prénoms est à Matignon. C'est Gérald Darmanin qui, la veille de l'officialisation, a confirmé à Édouard Philippe sa nouvelle fonction. Le chef de l'État, qui était resté dans le flou avec l'intéressé, lui a confié que c'était son compagnon LR qui serait le chef du gouvernement quand il lui a proposé d'être ministre du Budget. Le plan se déroulait sans accroc. Lorsqu'il a commencé à discuter avec Emmanuel Macron et sa garde rapprochée, Édouard Philippe a tout de suite eu une préoccupation en tête : il ne voulait pas être le seul de la droite à franchir le Rubicon. Sur sa liste, un nom figurait en premier, celui de l'ancien directeur de campagne de Nicolas Sarkozy. Dans cette histoire, c'est une petite bande qui a manœuvré. Tout cela, c'est un peu aussi son succès.

Édouard Philippe en a tout de suite été un pilier. 2012 : la droite est de retour dans l'opposition. Au lendemain des législatives, cinq députés UMP décident de dîner régulièrement ensemble dans un restaurant ibérique, non loin de l'Assemblée nationale, le *Bellota, Bellota*. Avec le Havrais, il y a Bruno Le Maire, Thierry Solère, qui a fait mordre la poussière à Claude Guéant dans les Hauts-de-Seine, Benoist Apparu, qui a été ces trois dernières années ministre délégué au Logement au sein du gouvernement Fillon, et Franck Riester, maire de Coulommiers. Très vite, l'ancien ministre de l'Agriculture quitte la tablée. Certes, on est là pour faire de la politique, mais d'abord et avant tout pour bien se marrer. Or, ce dernier casse un peu l'ambiance. Tout à son destin présidentiel, il ne se prend pas pour un jambon, même aussi raffiné que le pata negra. « Je sens monter chez les Français un désir de Bruno Le Maire », va jusqu'à s'emballer le député de l'Eure devant les yeux tout ronds de ses camarades. Le quinquennat Hollande s'écoule (mal). Nicolas Sarkozy fait son retour. On l'a vu : un jeune député est en train de faire son trou. Très pote avec Thierry Solère, Gérald Darmanin est admis dans la tribu. Après son élection à la mairie de Tourcoing, il va deux jours au Havre pour s'inspirer des méthodes de travail d'Édouard Philippe. Ils deviennent bons copains.

Avec la primaire, on passe à une autre étape. Fini le *Bellota, Bellota*. À l'automne 2016, on se rejoint chez Thierry Solère. À Boulogne-Billancourt, celui-ci a un grand appartement. Cela tombe bien : la bande s'agrandit. Sébastien Lecornu, le maire de Vernon depuis 2014, Gilles Boyer, le directeur de campagne d'Alain Juppé, se joignent à eux. Alors que la bataille finale a commencé, ces bonnes relations entre lieutenants permettent d'éviter bien des fois que cela ne dégénère au niveau supérieur : Philippe, Apparu et Boyer sont pro-Juppé, Darmanin deviendra le directeur de campagne de Sarkozy, Lecornu épaule Le

Maire et Solère est le M. Loyal de la primaire. Il manque juste un partisan de François Fillon, mais qui peut croire en ses chances…

C'est aussi toujours l'occasion de sacrément bien rigoler. Alain Juppé a toujours eu un problème avec les patronymes. Dans une vidéo, après un déplacement à Tourcoing, le favori de la primaire a rebaptisé Gérald Darmanin « Gérald Darminan ». Ses copains l'appelleront maintenant ainsi. Nicolas Sarkozy n'a jamais été le dernier pour se moquer. Au lendemain de son élection à la présidence de l'UMP, Thierry Solère, qui soutenait Bruno Le Maire, était allé le trouver pour lui donner la liste des proches que son ancien ministre de l'Agriculture souhaitait voir promus au bureau politique. L'ex-locataire de l'Élysée prend note. Arrive le nom de Sébastien Lecornu. Il s'arrête : « Lecornu, Lecornu, le cornichon ! » Le maire de Vernon a lui aussi droit à son petit nom. Thierry Solère a quatre enfants. Ils adorent quand Gérald Darmanin est présent. Souvent, le maire de Tourcoing attrape un bâton de colle pour le planter sur le dos du chat qui détale en courant. Thierry Solère a quatre enfants, un chat et un bon copain, un certain Jean-Louis Borloo. Un soir, il l'invite à casser la croûte avec la fine équipe. « Cela faisait longtemps que je n'avais pas dîné avec l'inspecteur Columbo », lance au cours du repas Édouard Philippe. Grand blanc autour de la table. Les larmes de rire viendront une fois l'ancien ministre de l'Écologie parti…

Et puis, ils n'ont plus ri. Leurs champions respectifs ont perdu. François Fillon a remporté la primaire. Édouard Philippe et Gérald Darmanin ont des lendemains de défaite difficiles. Thierry Solère et Sébastien Lecornu se recyclent et se voient confier des responsabilités centrales au sein de l'équipe de l'ancien Premier ministre, grâce aux bonnes relations de la bande avec Patrick Stefanini, son directeur de campagne[1]. Au final, tous arrêteront de soutenir l'aspirant LR à l'Élysée bien avant le premier tour, en raison de ce qu'on appellera le « Penelopegate », de son parjure après sa mise en examen, de la droitisation de sa ligne, sous la pression notamment de Sens commun.

Pendant ces semaines si particulières pour la droite française et tous ses serviteurs, Édouard Philippe a pris quelques décisions importantes. Professionnellement, d'abord. Il a rendez-vous au Conseil d'État, son corps d'origine. Au vu des temps incertains qui pourraient venir, il sera peut-être nécessaire de le réintégrer, à

1. Sébastien Lecornu avait été nommé directeur adjoint de la campagne de François Fillon et Thierry Solère, porte-parole.

côté de son mandat de maire du Havre. Il doit voir le vice-président Jean-Marc Sauvé pour en parler. Le jour venu, Édouard Philippe patiente quarante-cinq minutes dans l'antichambre du bureau de celui-ci. Finalement, une secrétaire vient le trouver. « M. le vice-président ne pourra pas vous recevoir. Son rendez-vous avec des syndicats dure plus longtemps que prévu… » Il est furieux. Il est également très susceptible. La fois suivante où il devra rencontrer Jean-Marc Sauvé, c'est lui qui le fera patienter.

Politiquement ensuite. À partir de maintenant, il ne sera plus un lieutenant. Il est à son compte, totalement libre. Chez Les Républicains, Édouard Philippe est l'un des rares à penser jusqu'au bout que François Fillon pourrait, malgré tous ses déboires, se qualifier pour le second tour. Autant dire que, si c'est le cas, il n'aura plus vraiment sa place dans cette droite. À la veille du premier tour, il a accueilli François Baroin, venu tenir meeting au Havre en faveur du candidat LR. Avec le maire de Troyes, cela s'est bien passé. En revanche, dans la salle, il y avait une poignée de militants de Sens commun. « S'ils pouvaient me tuer, ils le feraient », rapportera Édouard Philippe.

Alors, il réfléchit. Que faire ? Il pressent bien que l'on est à la veille d'une nouvelle page. « C'est la période la plus excitante de ma vie politique qui vient : elle ira du premier tour aux trois semaines suivantes. La recomposition arrive. Il y aura un mouvement passionnant », me confie-t-il alors. Mais il y a des choses qu'il s'interdit. En février, Philippe Augier, le maire centriste de Deauville, qui est un fidèle ami, lui a suggéré, face aux errements des Républicains, de s'inspirer de Jacques Chirac en 1974 : monter une liste d'une quarantaine de députés LR rejoignant Emmanuel Macron. « Avec ça, tu seras à Matignon », lui promet-il. Édouard Philippe a refusé ; il ne se voit pas faire cela à son camp. En revanche, il publie dans la presse, pendant la campagne, une série de tribunes cosignées avec des maires de la droite et du centre, défendant leurs aspirations. C'est avec Gérald Darmanin qu'il les rédige. Elles prendront toute leur place dans le processus qui se mettra inéluctablement en place quand la victoire d'Emmanuel Macron se précisera.

En juin, après les législatives, Sébastien Lecornu les rejoint au gouvernement. En octobre 2018, Franck Riester deviendra ministre de la Culture. Avec Gilles Boyer et Thierry Solère, ils ont installé une boucle Telegram pour communiquer. Régulièrement, ils se retrouvent à Matignon pour faire de « la poloch », comme aime dire le locataire des lieux.

Surtout on se marre toujours. Ça, c'est bien du Édouard ! Le Premier ministre a été épinglé pour le coût exorbitant[1] d'un vol privé entre Tokyo et Paris qui lui a permis de rentrer plus vite d'un déplacement en Nouvelle-Calédonie. Cela lui a inspiré une réflexion : « Je crois que j'ai épuisé mon crédit miles ! » Le chef du gouvernement n'oublie jamais de garder une certaine distance avec les choses qui lui permet de mieux supporter la pression. Eh, les gars, vous connaissez la dernière ? Thierry Solère a déjeuné récemment avec Alain Juppé. Dès l'entrée, le maire de Bordeaux, très remonté, lui a décrit les tracas qu'il rencontrait avec son projet de bus à haut niveau de qualité de service. Celui-ci a été bloqué par un recours retenu par le tribunal administratif. Il a dû faire appel au Conseil d'État. À la mairie, on lui a montré ce qu'un des protagonistes de cette affaire avait écrit sur sa page Facebook : « Suce-moi la bite. » « Quand même ! C'est incroyable ! Comment peut-on dire "Suce-moi la bite" dans un cadre public ? » s'est écrié Alain Juppé devant Thierry Solère. Évidemment, la petite bande s'est raconté plusieurs fois la blague en imitant le maire de Bordeaux. Cela leur a fait leur semaine.

1. Le montant était de 350 000 euros.

« Il y a des pulsions qu'on ne peut arrêter »

Il y a des triangles amoureux. Il y en a aussi qui sont animés de moins bons sentiments. Entre Nicolas Sarkozy, Gérald Darmanin et Laurent Wauquiez, c'est le cas. Les deux premiers, c'est un autre point commun, ne portent pas dans leur cœur le troisième. Le troisième jalouse la proximité des deux premiers.

Cela a le mérite de la cohérence. Entre Gérald Darmanin et Laurent Wauquiez, tout n'est que différence ; tout n'a toujours été que distance. Le président de la Région Auvergne-Rhône-Alpes est un énarque, un héritier issu d'un milieu privilégié. Le ministre de l'Action et des Comptes publics sait ce que c'est que le monde ouvrier. « C'est un des rares politiques qui boit du thé », se plaît à faire remarquer, à propos de Laurent Wauquiez, l'élu du Nord, le pays de la chicorée, le café du pauvre, comme si socialement tout était dit. L'un est à l'origine un centriste, qui s'est déporté sur l'aile droite de la droite républicaine. L'autre se veut un gaulliste social revendiqué, un séguiniste ayant voté non au référendum de 2005 sur la Constitution européenne, qui s'est recentré en participant à un pouvoir qui séduit d'abord les plus privilégiés.

Dès que Gérald Darmanin a été enrôlé, en 2014, au sein de l'équipage sarkozyste, Laurent Wauquiez, qui ne l'avait auparavant pas calculé, l'a regardé d'un œil mauvais. En politique, il y a toujours des générations sacrifiées. Autant il juge que les quinquas de la droite (Xavier Bertrand, Valérie Pécresse, François Baroin…) occupent la place du mort, autant il se méfie de ce trentenaire, de sept ans son cadet, à l'évidente agilité. Immédiatement, Gérald Darmanin, lui, l'a ciblé. Choisir un ennemi plus haut placé, c'est toujours une bonne occasion de se hisser. Dans l'équipe qu'installe Nicolas Sarkozy à ses côtés après son élection à la présidence de l'UMP, il refuse de travailler sous l'autorité de Laurent Wauquiez, dont son poste dépend. Un an plus tard, quand l'ancien chef de l'État promeut l'ex-maire du Puy-en-Velay à la place de numéro 2 des Républicains, il démissionne. Au lendemain de la primaire, il se fixe très vite un nouvel objectif. Il ne faut pas être grand clerc pour deviner que son ennemi voudra, après la présidentielle, reprendre la tête du parti. Le maire de Tourcoing décide de s'y préparer aussi et entreprend, au volant de sa vieille C4 achetée d'occasion, une tournée des militants dans les départements.

Ce combat-là n'aura pas lieu ; il continuera autrement. Laurent Wauquiez est l'un des premiers et des plus virulents à réclamer l'exclusion de Gérald Darmanin après sa nomination à Bercy. « Ceux qui nous ont trahis nous disent qu'ils mettent le service de la France au-dessus de leur parti. Je vais vous dire ce qu'ils ont mis au-dessus de tout, ce sont leurs maroquins ministériels », assène-t-il de meeting en meeting. S'il peut encore trouver des excuses au nouveau locataire de Matignon (« Édouard Philippe est celui avec lequel je suis le moins critique. Il a toujours été de gauche. C'est un libéral libertaire. C'est son ADN »), il fustige le comportement de Gérald Darmanin : « Lui, c'est ce qu'on fait de pire. » De son côté, le gaulliste social n'a pas de mots assez durs pour qualifier le choix de Laurent Wauquiez de ne pas appeler à voter pour Emmanuel Macron durant la présidentielle face à Marine Le Pen. « Moi, je ne parle pas allemand ! » ne cesse-t-il de répéter à la moindre évocation de son nom. Déjà au soir du premier tour de la primaire et de l'élimination de Nicolas Sarkozy, le directeur de campagne avait trouvé bizarre que son rival soit le seul à plaider, au sein de l'équipe, pour que le candidat ne prenne pas position en vue du second tour. Dans l'avion qui les emmenait de Clermont-Ferrand à Paris un peu plus tôt dans l'après-midi, Brice Hortefeux avait pourtant prévenu Laurent Wauquiez : « Nicolas n'est pas d'un tempérament observateur, il veut décider. » Néanmoins, quelques heures plus tard, une fois la déconfiture officialisée, le président de la Région Auvergne-Rhône-Alpes soutient à l'ex-chef de l'État, qui prépare son discours d'adieu, qu'apporter son soutien à l'un des deux finalistes « ne serait pas de sa stature ». Gérald Darmanin connaît son adversaire ; s'il avance cela, c'est qu'il a une idée en tête. Il monte au créneau : « Attention, ne pas prendre position, cela veut aussi dire : "À la présidentielle, vous pouvez voter Le Pen, si vous voulez." » De cette sinistre journée, c'est un autre épisode qu'a retenu Laurent Wauquiez. Il se souvient avoir entendu Gérald Darmanin affirmer ce soir-là : « Fillon, c'est Vichy ! Jamais je ne travaillerai avec lui. » Il se souvient l'avoir vu, comme tout le monde, figurer dans l'organigramme du candidat à l'Élysée deux semaines après.

Entre eux, la haine est devenue obsessionnelle. Pour mieux le passer à la moulinette, le ministre de l'Action et des Comptes publics se plaît à passer son ennemi sur le divan. « Emmanuel Macron aurait réussi l'École normale, il n'aurait pas l'appétit du monde qu'il a. Quand Laurent Wauquiez a-t-il eu, lui, de la frustration dans sa vie ? À aucun moment », se moque-t-il à propos du normalien. À l'automne 2017, il glisse dans son livre un drôle de détail au sujet de leur rencontre initiale : « Je remarque pour la première fois quelque chose qui m'interpellera toujours : il a quelques petites rougeurs au visage, le long des cheveux, qui donnent l'impression qu'il sort à peine de la douche. »

L'ancien maire du Puy-en-Velay aime plus répandre le sang qu'étudier Lacan. Devenu le patron de LR, il délivre à son adversaire, en janvier 2018, un coup qu'il rêve fatal. Lorsque le ministre d'Emmanuel Macron est accusé de viol, il réclame publiquement sa démission du gouvernement. Au sein des Républicains, cela n'est pas sans provoquer des vagues. La quasi-totalité des figures du parti et des membres de la direction qu'il vient de nommer déclarent leur désaccord publiquement. Ce serait pour eux une évolution de la jurisprudence très inquiétante : jusqu'à présent, un ministre quittait ses fonctions lorsqu'il était mis en examen, jamais pour une simple plainte déposée contre lui ;

ce serait un peu plus du principe de présomption d'innocence qui serait bafoué. Face à ces critiques internes, Laurent Wauquiez ne cède pas. « Il y a d'autres choses qui vont sortir », certifie-t-il, comme s'il disposait d'informations particulières. Pour lui, Gérald Darmanin ment, « c'est un Cahuzac puissance 10 ». Il agite ses réseaux pour tenter de lui faire connaître le sort de l'ancien ministre du Budget. Très proche de lui, Brice Hortefeux lui avait conseillé de ne pas se lancer dans ce combat. À l'impossible nul n'est tenu. « Il y a des pulsions qu'on ne peut arrêter », constate-t-il.

Quand cette accusation sera portée contre le ministre de l'Action et des Comptes publics, Nicolas Sarkozy prendra spectaculairement position en faveur de ce dernier. Il vient à Tourcoing pour décorer des insignes de chevalier de la Légion d'honneur le maire LR de la ville, Didier Droart, qui a pris la succession du locataire de Bercy. « Je le dis à Gérald, quand on veut devenir un grand politique, il faut avoir de grands ennuis. Les petits ennuis, c'est pour les petits politiques. Tu es un grand politique », déclare-t-il lors de la cérémonie.

Voilà en tout cas qui ne va pas le rapprocher de Laurent Wauquiez. À la même période, il n'est que bruit et fureur à son encontre. Lors d'un cours qu'il a donné devant des élèves d'une école de commerce lyonnaise, le président des Républicains a raconté que « Nicolas Sarkozy en était arrivé au point où il contrôlait les téléphones portables de ceux qui rentraient en Conseil des ministres. Il les mettait sur écoute pour pomper tous les mails, tous les textos, et vérifiait ce que chacun de ses ministres disait au moment où on rentrait en Conseil des ministres ». Ses propos ont été enregistrés à son insu et rendus publics par « Quotidien », l'émission de Yann Barthès sur TMC. Ils provoquent une énorme polémique et une monstrueuse colère de l'ancien chef de l'État. Laurent Wauquiez s'excuse platement auprès de lui. Mais, pour Nicolas Sarkozy, le mal est fait.

Entre eux, de toute façon, cela n'a jamais été aisé. Il n'y a jamais eu de proximité ; cela a toujours été des relations d'intérêt. De 2012 à 2014, ils ont même été lourdement fâchés. Laurent Wauquiez avait pris ses distances, se liant à François Fillon, critiquant son bilan. Nicolas Sarkozy, lui, ne pouvait plus le voir en peinture. Et puis, chacun a trouvé avantage à se rapprocher, mais cela n'a pas débouché sur une vraie affinité. « Ce n'est pas ton fils spirituel, c'est le fils spirituel de Jacques

Chirac », a toujours expliqué Brice Hortefeux à son ami, qui, souvent, ne saisissait pas les choix de Laurent Wauquiez.

« On n'aime jamais son successeur », assurait justement Nicolas Sarkozy lorsque cet ancien président-là tentait de freiner son insolente ascension. À droite, cela bégaye. Le quadra ouvre en effet un nouveau chapitre. C'est le premier à pouvoir vraiment le faire, après le magistère qu'a exercé sur la droite, en pleine lumière ou en coulisses, l'ex-maire de Neuilly depuis 2004. Ayant toutes les manettes en main, disposant de la dureté de caractère pour cela, Laurent Wauquiez est bien décidé à ne pas se laisser détourner de son objectif : être le candidat à la présidentielle de 2022. Ce moment, il l'a préparé savamment. La primaire n'était pas encore finie qu'il commençait déjà à s'y atteler. Un mois avant le premier tour, le président de la Région Auvergne-Rhône-Alpes croise Thierry Mariani dans les couloirs de l'Assemblée nationale. « Viens, Thierry, on va discuter cinq minutes ! Bon alors, qu'est-ce qu'on fait après ? » l'interpelle-t-il. « Après quoi ? » lui demande celui qui est alors député LR des Français de l'étranger. « Après la victoire d'Alain Juppé ! répond le soutien sarkozyste. La droite va exploser. » Si le scénario n'a pas été tout à fait celui qu'il avait prédit, Laurent Wauquiez est quand même parvenu à ses fins. Depuis décembre 2017, il est le chef.

À cette place, Nicolas Sarkozy, qui s'est affiché plusieurs fois avec lui durant sa campagne interne pour la présidence de LR, n'a que des griefs à lui faire. Il ne comprend pas qu'il ne cherche pas à davantage rassembler. C'est ce que lui a fait tout au long de sa carrière, même s'il a dû bien souvent prendre sur lui. « Si tu ne parles qu'aux tiens, tu fais une secte, pas de la politique », a-t-il toujours professé. Il juge que le président des Républicains ne traite pas assez ses amis, ne tient pas suffisamment compte de ses avis. « J'ai plus de contacts avec Emmanuel Macron et ses ministres qu'avec Laurent Wauquiez ! » se plaint-il. En vue des élections européennes de mai 2019, il a avec lui un profond désaccord : il estime que c'est son rôle de patron du parti de prendre la tête de la liste et de mener la bataille. Mais le président d'Auvergne-Rhône-Alpes ne veut rien entendre : élu au Parlement de Strasbourg, il serait obligé de démissionner de sa Région au nom du non-cumul des mandats. Pour lui, c'est hors de question.

Laurent Wauquiez sait bien ce que Nicolas Sarkozy raconte sur lui. Il ne lui revient, de la rue de Miromesnil, que des échos très négatifs. Et il imagine bien que, parmi ceux qui y défilent, Gérald Darmanin n'est pas le dernier à lui casser du sucre sur le dos. Passe encore que l'ex-chef de l'État ait des relations si fréquentes et d'apparence si complices avec Emmanuel Macron, ses anciennes fonctions peuvent le justifier. Mais qu'il soit si proche du ministre de l'Action et des Comptes publics, le leader des Républicains a du mal à l'avaler. « Toutes les personnes qui voient Nicolas Sarkozy lui disent que Darmanin l'abaisse », assène-t-il. Pour lui, l'élu du Nord ne sera jamais que duplicité. Il en a encore eu une jolie preuve. Le locataire de Bercy est venu au dîner des vingt ans du CRIF à Lyon en février 2019, auquel il assistait également en tant que local de l'étape. « Bonsoir, Gérald », « Bonsoir, Monsieur le Président », ce sont les seuls mots qu'ils se sont échangés en se serrant la main. Dans son discours, le représentant du gouvernement a fait l'éloge d'Emmanuel Macron, mais s'est bien gardé de citer à aucun moment Nicolas Sarkozy. Et ça, le patron de LR l'a bien relevé ! Tiens, et s'il le disait à l'ex-chef de l'État ?

Malgré tout, entre eux, le contact n'est pas rompu. Ils se voient au moins tous les trimestres.

Laurent Wauquiez prend soin d'informer son aîné de ce qu'il fait. L'ancien président tient à garder un lien avec un parti auquel il renouvelle scrupuleusement sa carte d'adhérent chaque année. Régulièrement, Christian Jacob, qui a repris là la mission de Brice Hortefeux, essaie de remettre du liant : « C'est à Laurent de faire ses preuves maintenant, Nicolas. » C'est bien aussi l'avis de Wauquiez. Même s'il connaît une première année difficile à la tête de LR, il fait bien comprendre à chacun que désormais c'est lui qui prend les décisions et qu'une page est tournée. Pour ses 64 ans, il a d'ailleurs offert à Nicolas Sarkozy les deux premiers volumes de la Pléiade réunissant l'œuvre complète de Tourgueniev. Le titre du plus célèbre roman de l'auteur russe ? *Pères et fils*. Tirez-en la conclusion que vous voudrez…

« Il ne comprend pas que Macron ne le suive pas parfois »

Devant lui, Emmanuel Macron a posé deux fiches cartonnées. Il les a sorties de la poche de sa veste juste après s'être assis. Dessus, il a noté de sa main treize questions. Le chef de l'État en lit une et Gérald Darmanin lui répond. Il lit la suivante et Gérald Darmanin lui répond. Le ministre de l'Action et des Comptes publics regarde fixement le président. Face à lui, il n'a rien, aucun dossier, aucun papier. Dans le salon doré de l'Élysée, c'est un duel qui se joue.

Autour de la table, il règne une ambiance particulière. Un mélange de tension et de grande concentration. Chacun des présents sent bien qu'il vit un moment important du quinquennat. Aucun d'eux n'ouvre la bouche. Avant la réunion, Gérald Darmanin et Édouard Philippe se sont mis d'accord. Le Premier ministre ne dira rien. Il ne faut surtout pas donner au chef de l'État l'impression qu'il a un front contre lui. Les deux hommes partagent le même objectif : le passage au prélèvement à la source ne doit pas, une nouvelle fois, être reporté, mais mis en place, comme prévu, au 1er janvier 2019. Depuis quelques jours, en effet, rien n'est plus assuré.

Avant la pause de l'été, tout semblait calé. Dès sa prise de fonctions quinze mois plus tôt, Édouard Philippe avait annoncé que cette modification de la collecte de l'impôt, actée par le gouvernement Hollande et initialement programmée pour les premières heures de 2018, serait décalée d'une année. Depuis, Gérald Darmanin a travaillé d'arrache-pied avec les services de Bercy pour que tout soit prêt. Le ministre de l'Action et des Comptes publics a eu deux grandes lignes directrices : éviter tout bug technico-administratif alors qu'il y a mille spécificités à prendre en compte ; anticiper l'impact psychologique de cette réforme alors que la matière fiscale est si inflammable. Il ne s'agit pas de jouer avec les allumettes. Ces dernières années, d'autres se sont gravement brûlés.

« Qu'est-ce que tu vas t'emmerder avec ça ? » Nicolas Sarkozy l'a maintes fois mis en garde. « Si tu réussis, personne n'en parlera. Si c'est le bordel, tout le monde te tombera dessus. » Lui-même, alors à l'Élysée, avait préféré enterrer un projet similaire, décidé par le gouvernement Villepin avant son élection et qui devait prendre forme au milieu de son quinquennat. Le prélèvement à la source – ce vieux serpent de mer ; en 1991, Michel Rocard avait notamment tenté de l'instaurer – a beau être plébiscité par les Français dans les sondages, l'ex-chef de l'État ne l'a jamais senti. « Je ne voudrais pas que mon employeur sache quel est le montant de la pension alimentaire que je verse à ma première femme », expliquait-il à ses collaborateurs pour justifier ses réticences.

Gérald Darmanin a bien noté que le nouveau locataire de l'Élysée reste également très prudent sur le sujet. « Il m'a encore parlé un quart d'heure du prélèvement ! » s'étonne-t-il, de retour à Bercy, à l'issue de presque chacun de ses rendez-vous réguliers avec Emmanuel Macron. Le ministre du Budget s'emploie systématiquement à éteindre les doutes présidentiels, mais il n'en revient pas que cette réforme demeure l'objet de tant de débats après avoir fait l'objet de tant de réunions. Il n'a pas encore tout vu.

En cette deuxième rentrée du quinquennat, une petite fièvre est en train de se propager au sein de la majorité : tout est-il vraiment prêt ? Ne serait-il pas plus sage de reporter d'un an un changement si risqué, voire de l'arrêter à tout jamais ? Gérald

Darmanin n'accorderait-il pas une confiance trop aveugle à son administration, qui aurait profité de ses ennuis personnels pour étendre une influence déjà puissante ? Emmanuel Macron lui-même ne fait rien pour calmer cette agitation en tenant plusieurs propos ambigus. À quatre mois du but, tout semble remis en cause. Pour le locataire de Bercy, un homme a en particulier introduit ce virus : Christophe Castaner. Le ministre des Relations avec le Parlement et délégué général de La République en marche d'alors a, selon ses informations, beaucoup alimenté les doutes du chef de l'État. Sur le terrain, lui a-t-il susurré à l'oreille, il y aurait beaucoup d'inquiétude ; à Bercy, les technocrates décideraient de tout et auraient pris le pouvoir.

Le 4 septembre 2018, dans le salon doré de l'Élysée, se tient donc une réunion décisive. L'entourage d'Emmanuel Macron a prévenu, elle sera conclusive. Gérald Darmanin l'a préparée, sur le fond, comme un grand oral et a commandé à son cabinet des fiches sur tous les cas possibles et imaginables. Sur la forme, il a veillé au moindre détail. Il a demandé à l'Élysée s'il pouvait venir avec son secrétaire d'État, Olivier Dussopt. Celui-ci est issu du parti socialiste. Ainsi, il pourra commencer son propos en faisant remarquer que « la droite et la gauche sont favorables au prélèvement à la source, Monsieur le Président ». Il a tenu à ce que Bruno Parent, le directeur général des finances publiques, l'accompagne. De cette manière, quoi qu'il arrive, celui-ci pourra attester aux fonctionnaires de Bercy qu'ils ont à leur tête un ministre qui les défend jusqu'au bout. En amont, un de ses conseillers s'est aussi procuré auprès de son homologue élyséen une note où sont retranscrits les six points qui soucient le chef de l'État. Voilà qui pourra aider.

En fait, aucun d'eux ne figure parmi les treize questions qu'Emmanuel Macron a écrites sur ses deux bristols. Son premier sujet de préoccupation porte sur le cas des agriculteurs. Le ministre du Budget a de la chance : il était dans les Pyrénées-Atlantiques cinq jours plus tôt et a beaucoup été interrogé là-dessus. Au final, il apportera au président ses treize réponses. Mais il ne se contente pas de cela. En vue de ce rendez-vous, l'ex-maire de Tourcoing a travaillé la matière, il a aussi anticipé la psychologie humaine. Il est venu avec des propositions, qui permettraient de claironner haut et fort, hors de cette enceinte confidentielle, qu'Emmanuel Macron a obtenu de Bercy quelques concessions. Le principe d'une avance de 60 %

de crédits d'impôts versée dès la mi-janvier aux huit millions de Français concernés sera de cette manière arrêté.

« Très bien. Je vous donnerai ma réponse tout à l'heure. » C'est ainsi que le chef de l'État a conclu la réunion. Deux heures plus tard, il appelle Gérald Darmanin. Il l'a convaincu ; le prélèvement à la source sera bel et bien effectif dès l'année suivante. Le trentenaire est très satisfait ; c'est un beau succès. Mais il y a eu un prix à payer. Entre Emmanuel Macron et lui, des choses ont changé.

À l'Élysée, on a peu apprécié l'attitude du ministre du Budget ces derniers jours. Dans les médias, celui-ci a clairement fait de la résistance. Il a milité avec aplomb pour que la réforme se fasse, donnant même parfois le sentiment de défier le président. Alors que certains journaux, fort opportunément renseignés, font état de gros ratés administratifs lors d'exercices de simulation, il réplique : « Le dispositif technique fonctionne, il est prêt. » Derrière cette riposte, le message est limpide : si la réforme est repoussée, ce ne sera pas pour des raisons d'expertise mais de couardise. À l'Élysée, on goûte peu le bras de fer. Après la bataille, on fera passer le message : « Pas deux fois. » Le 18 septembre, un dîner de la majorité se tient à l'Élysée. Pour une fois, il est placé. Gérald Darmanin est relégué en bout de table. Assis du même côté que le chef de l'État, séparé de lui par son secrétaire général Alexis Kohler, son conseiller politique, Stéphane Séjourné, et Sébastien Lecornu, il n'est pas dans le champ visuel présidentiel. Loin des – fameux – yeux, loin…

À cette occasion, ce sont aussi deux façons d'être qui se sont fait face. Ces tergiversations sur le prélèvement à la source ont à nouveau mis en lumière une caractéristique de ce président : il change souvent d'avis. Le locataire de Bercy en avait déjà eu un avant-goût avec sa loi sur le droit à l'erreur, initialement prévue à l'été 2017. Emmanuel Macron l'avait reportée, l'obligeant à revoir de fond en comble sa copie. Mais cette fois, cela a atteint des sommets. Au sein du gouvernement, il n'est pas le seul à être effaré par ce mode de fonctionnement. Si on y ajoute la volonté du chef de l'État de décider de tout et son corset idéologique bien peu serré, il y a de quoi pour Édouard Philippe, comme pour ses ministres, s'arracher parfois les cheveux. « Tu n'as pas encore franchi le perron de l'Élysée qu'Alexis Kohler t'appelle déjà pour te dire que le président a changé d'avis sur le point qui devait être tranché lors de la réunion à laquelle tu venais participer ! »

relate un des poids lourds de l'équipe. « C'était déjà comme ça pendant la campagne », a précisé un conseiller élyséen à Sébastien Lecornu, qui s'étonnait également de cette spécificité. « Oui, mais vous ne nous l'aviez pas dit ! » objecte le complice de Gérald Darmanin.

À l'inverse, l'élu du Nord a, lui, un caractère assez prononcé, qui peut même parfois le faire apparaître un peu buté. S'il a toujours vouvoyé ses différents patrons, c'est pour pouvoir leur dire vraiment les choses. S'il est aujourd'hui au gouvernement, c'est pour faire part de son opinion. « Il y a deux façons de vivre sa fonction de ministre. Un : se satisfaire de l'être sur le plan personnel. Deux : considérer que, quand on aime l'histoire, c'est une chance de pouvoir dire au président et au Premier ministre ce que l'on pense. C'est tout l'intérêt du métier. Si c'est pour déplorer plus tard que ça ou ça, on aurait dû le dire, je n'en vois pas trop le sens[1] », explique-t-il. Alors, le ministre de l'Action et des Comptes publics se comporte avec Emmanuel Macron comme il s'est comporté par le passé avec Xavier Bertrand ou Nicolas Sarkozy : il exprime le fond de sa pensée. Le président des Hauts-de-France le confirme : « Il sait dire les

1. Entretien avec l'auteur, le 7 février 2019.

choses tout en étant très respectueux. » Auprès de lui, début 2015, Gérald Darmanin avait ainsi vivement plaidé pour un changement radical de stratégie. Il fallait que l'ex-ministre du Travail cesse de vouloir être candidat à la primaire de la droite ; cela n'avait aucun sens car il n'avait aucune chance. En revanche, il devait être candidat aux élections régionales dans les Hauts-de-France ; c'était peut-être un risque majeur mais le seul moyen pour lui de se relancer. Ce dernier lui avait fait confiance.

Le ministre de l'Action et des Comptes publics et Xavier Bertrand ont en 2017 fait des choix différents. Mais ils continuent à se parler. Au sujet de son cadet, le président des Hauts-de-France a encore une précision à ajouter. « Gérald aime conseiller, mais il aime être entendu et écouté aussi. Le côté “cela passe par une oreille, cela ressort par une autre”, ce n'est pas trop son truc. Il ne comprend pas qu'Emmanuel Macron ne le suive pas parfois. » Et si, entre le président et Gérald Darmanin, c'était un train de devenir un sérieux problème ?

« Vous connaissez la blague de Charon ? »

En cette veille d'été caniculaire, les températures n'atteignent pas encore des records. Dans la pièce aux murs décorés de photos de Carla, de leur fille Giulia ou de grands de ce monde tout sourire aux côtés de l'ex-chef de l'État, l'atmosphère est pourtant déjà brûlante. Nicolas Sarkozy est en nage. Nicolas Sarkozy est en rage. Pendant de longues minutes, il règle son compte à François Fillon.

Ce 27 juin 2018, il reçoit à déjeuner, rue de Miromesnil, cinq députés LR, issus de la nouvelle génération, qui ont pris l'habitude de courir ensemble chaque mercredi aux aurores. Il ne décolère pas. Pour lui, l'ancien candidat à l'Élysée porte une très lourde responsabilité dans l'état comateux de la droite aujourd'hui. Quel manque de courage, quand même, de ne pas s'être retiré de la course présidentielle après sa mise en examen ! François Fillon en avait pourtant pris l'engagement devant des millions de Français, sur le plateau du 20 heures de TF1, lorsque l'affaire Penelope avait explosé.

« Vous connaissez la blague de Charon ? » La réponse de ses cinq convives est négative. Alors, Nicolas Sarkozy raconte la « blague » de Pierre, son ami, le sénateur LR de Paris, dont l'humour n'est pas réputé pour être le plus léger. Il y a quelques années, l'ex-chef de l'État participait à un meeting. Afin de chauffer la salle, Roger Karoutchi était à la tribune avant qu'il s'en empare. Tout à coup, Pierre Charon lui glisse à l'oreille : « On l'a échappé belle, Nicolas. Roger, c'est quand même mieux que Boubic, non ? » « Boubic ! ? C'est qui, Boubic ? » lui demande Nicolas Sarkozy. « Ben, c'est Fillon ! » répond Charon. Autour de la table, tout le monde est poli, tout le monde rigole. Mais ils sont plusieurs à ne pas avoir compris. Boubic ?! Ce n'est qu'à la sortie, quand ils en reparleront tous ensemble, que « la blague de Charon » s'éclaircira. Boubic est la contraction de bouc et de bique. C'est un terme employé par les éleveurs pour désigner un bovin présentant des caractères mâles et femelles… Vous l'avez ?

Cette fois, ce n'est pas l'ex-chef de l'État qui invite. Le 17 septembre suivant, Nicolas Sarkozy est à Marseille. Entre une cérémonie à la grande synagogue à l'occasion du nouvel an juif et une visite du Mucem, il déjeune avec les élus LR de la cité phocéenne. On en vient à parler d'un des grands maux devant l'Éternel de la droite française : son manque d'unité. Justement, la voisine installée à sa gauche a quelque chose à déclarer à ce sujet. « L'union, oui, c'est bien ce qui a manqué à François Fillon durant la présidentielle ! » martèle Valérie Boyer, députée des hauteurs de la ville, supportrice de toujours de l'ancien Premier ministre.

À Marseille, même lorsque l'été approche de son déclin, le mercure peut rester particulièrement élevé. « Non, détrompe-toi, Valérie, s'échauffe l'ex-chef de l'État. Ce n'est pas l'union qui a manqué à Fillon ! Ce n'est pas l'union ! C'est le projet. Tu l'as lu ? Moi, je l'ai lu. Ce projet ne pouvait pas passer ! » Depuis longtemps, il estime que son ancien Premier ministre a fait une erreur majeure en « opposant la France populaire à la France conservatrice ». Et d'enchaîner sur la promesse de l'ancien candidat à l'Élysée de démissionner en cas de mise en examen…

Où il s'agit encore d'un autre déjeuner, quelques jours plus tard, de retour rue de Miromesnil. Cette fois, la canicule n'est plus, et pourtant… Bruno Retailleau n'a pas mis les pieds ici de très longue date. Et pour cause ! Le président du groupe LR au Sénat était le principal lieutenant de François Fillon. Après son retrait, il a d'ailleurs repris son micro-parti, Force républicaine.

Est-ce une raison pour rester éternellement fâchés ? Le sénateur de Vendée a de grandes ambitions. Il est important pour lui de pacifier ses relations avec Nicolas Sarkozy. L'ancien chef de l'État, lui, a désormais envie de s'entendre avec tout le monde. Afin de faciliter la réconciliation, un troisième homme a été convié aux agapes : Gérard Larcher. Certes, on ne va pas rester éternellement fâchés, mais cela n'empêche quand même pas de se dire les choses, non ? Nicolas Sarkozy se lance alors dans une virulente diatribe anti-Fillon, reprochant à son hôte son engagement filloniste indéfectible jusqu'au terme de la présidentielle. « Écoute, Nicolas, si c'est comme cela, je préfère partir. » Bruno Retailleau se lève. Il est pour lui hors de question de renier, ne serait-ce que d'un pouce, ses anciennes fidélités. Gérard Larcher n'est pas président du Sénat pour rien. Il faudra toute sa diplomatie pour ramener le calme et faire reprendre le repas.

Longtemps François Fillon aura sa haine. Nicolas Sarkozy ne pardonne pas les offenses. Et ces dernières années, François Fillon l'a offensé.

Pire que cela même. Trahi. Poignardé. À la veille de son retour, à l'été 2014, son ancien Premier ministre a déjeuné avec Jean-Pierre Jouyet, le secrétaire général de l'Élysée sous François Hollande, pour l'inciter selon deux journalistes[1], à accélérer la machine judiciaire contre l'ex-chef de l'État. Deux ans plus tard, quand la primaire est entrée dans sa dernière ligne droite, il a ajusté une autre balle dans son barillet. « Qui imagine le général de Gaulle mis en examen ? » a-t-il asséné, du haut d'une tribune, faisant directement allusion aux affaires de Nicolas Sarkozy, suscitant même une vive gêne dans son propre camp. L'ancien président avait déjà une piètre opinion de François Fillon lorsque celui-ci était à Matignon. Mais, après 2012, il est allé trop loin. Bien trop loin. Il a dépassé tous les points de non-retour pour empêcher le sien. Quand Nicolas Sarkozy dirigeait les Républicains, Frédéric Péchenard, son bras droit, ne se souvient pas d'un jour où son patron n'a pas dit du mal de son ancien Premier ministre. Le soir du premier tour de la primaire, quand, humilié, il faudra bien

1. Information rapportée par Gérard Davet et Fabrice Lhomme dans *Sarko s'est tuer*, Stock, 2014. François Fillon et le troisième homme présent à ce déjeuner contestent cette version.

choisir entre les deux finalistes, c'est Carla qui se rebellera. « Tu ne peux pas soutenir celui qui t'a dénoncé aux juges ! » « J'ai beaucoup plus d'estime personnelle pour Alain Juppé mais je ne peux pas ne pas soutenir François Fillon », se résignera son époux. Que faire d'autre ? Le triomphe de son ancien chef de gouvernement face au maire de Bordeaux est inéluctable. Où serait la cohérence alors qu'il a cogné sans nuance, pendant des mois, le chiraquien ?

Pour autant, la chanson ne dit pas vrai : tout ne peut pas s'oublier. Lorsque la révélation des emplois fictifs de Penelope Fillon dynamitera en plein vol la candidature élyséenne de son mari, Nicolas Sarkozy ne cache pas une certaine satisfaction[1]. N'était-ce pas lui qui avait raison ? Enfin, tout le monde constate au grand jour ce que lui avait perçu depuis longtemps : son ancien Premier ministre a une part « dissimulée » – cela a toujours été son mot. Tout le long de leurs parcours respectifs, l'ex-maire de Neuilly a été vu comme le bad guy, le mal élevé, le nouveau riche, l'opportuniste

1. François Fillon et son épouse Penelope ont contesté les accusations portées contre eux, assurant que ces emplois n'étaient en rien fictifs. Ils sont actuellement mis en examen et bénéficient à ce titre de la présomption d'innocence.

sans conviction, quand l'élu de la Sarthe était perçu comme le bon père de (grande) famille, celui à qui on confierait volontiers toutes ses économies, le politique à la pensée structurée. Enfin, la vérité éclate.

Malgré tout, ce n'est pas si simple. Très vite, la campagne de François Fillon vire au supplice. Sa candidature en vient à ne plus tenir qu'à un fil. La droite sentait déjà sous ses pieds la Terre promise – la victoire n'était pas inéluctable ? Tout est en train de s'effondrer. Saisis de panique, nombre d'élus retrouvent le chemin de la rue de Miromesnil. Il faut que l'ex-chef de l'État les aide à éviter le chaos. Pour Nicolas Sarkozy, c'est flatteur. La primaire l'avait mis hors jeu. Trois mois plus tard à peine, le voilà redevenu le grand parrain de la droite française. Mais a-t-il plus que les autres la moindre solution ? Il refuse d'être celui qui condamnera François Fillon. « Je ne serai pas celui qui plantera la dague », assure-t-il à ses visiteurs. Il leur explique que seul le candidat peut décider de renoncer ou pas, lui seul et personne d'autre. Il leur dit qu'il ne voit pas qui pourrait être le fameux plan B faisant l'unanimité, tant la situation est putréfiée.

Au fond, comme tout le monde lors de ces journées de folie, l'ex-chef de l'État paraît bien souvent dépassé. Régulièrement, Gérald Darmanin vient le voir. « Il ne veut pas avoir des taches sur son costume », conclut-il. « Il a perdu le pif. Il n'a plus les codes, les références. Il imagine encore qu'on viendra le chercher. Sa priorité est de mettre Wauquiez et Baroin d'accord sur la répartition des rôles pour la suite. Mais à quel prix ? » se lamente Luc Chatel, qui pourtant l'aime beaucoup. « Il n'a pas été là pour siffler la fin de la récréation. Il n'a pas été le seul, mais, comme les autres, il porte une énorme responsabilité », déplorera encore bien des mois après Franck Riester, devenu ministre de la Culture d'Emmanuel Macron. Finalement, Nicolas Sarkozy n'aura été qu'un spectateur sur le bord de la route attendant l'accident annoncé. Le 23 avril 2017, il a lieu. François Fillon est sorti du jeu. Pour la première fois de son histoire, la droite n'est pas qualifiée pour le second tour de la présidentielle. Et peut-être ne s'en remettra-t-elle jamais.

Depuis, l'ancien Premier ministre s'est retiré de la vie politique. Il se fait discret. Il conserve néanmoins toute sa place dans la rancœur de Nicolas Sarkozy. « La haine en politique cela ne sert à rien. Il faut savoir la dépasser », a pourtant souvent répété celui-ci durant sa carrière. Cette fois, il se laisse emporter, débordé, commandé par cette dernière. Un geste de son Premier ministre rendra son ressentiment encore un peu plus insatiable. En décembre 2017, lorsque l'ex-président perdra sa mère, François Fillon n'aura aucun mot, aucune attention. Il a pourtant été mis au courant par un de ses anciens collaborateurs, lui-même informé par un ancien conseiller sarkozyste. Mais il n'a rien fait. Pas un coup de fil, pas un message. Nicolas Sarkozy ne comprend pas une seconde qu'on puisse avoir une telle attitude, lui qui se fait une règle d'être là à chaque moment de tristesse ou de joie. Même François Hollande lui a écrit une lettre qui l'a beaucoup touché. Sa colère contre François Fillon restera un brasier qui ne s'éteindra jamais.

« La police ne sera plus entre vos mains »

À l'époque, c'était lui le président. « Vous ne pouvez vraiment parler qu'avec moi », lui avait expliqué Valéry Giscard d'Estaing au cours de son quinquennat. En chemin pour l'Élysée, ce lundi 1er octobre 2018, Nicolas Sarkozy y a-t-il repensé ? C'est lui qui pourrait maintenant tenir un propos similaire à Emmanuel Macron qu'il doit retrouver pour le déjeuner. Qui d'autre comprend réellement ce que son successeur connaît ?

Depuis cet été, Emmanuel Macron est un président différent. Du pouvoir, il éprouve maintenant l'autre versant. La folle ivresse est bel et bien évaporée, c'est sa rudesse qu'il ressent désormais. Avec l'affaire Benalla, il a traversé la première zone de turbulence de son mandat. Avec la démission subite de Nicolas Hulot du ministère de la Transition écologique, il a touché du doigt ce moment où, soudain, tout vous échappe. Avec ces petites polémiques dont il ne se sort plus, que ce soit celles provoquées par ses phrases ressenties comme méprisantes ou celles nées de ses photos jugées, pour sa fonction, dévalorisantes, il a perdu la maîtrise du grand récit qu'il entendait raconter aux Français. Moins d'un an et demi après sa prise de fonctions, Emmanuel Macron est devenu un chef de l'État très impopulaire. Il a perdu de ses grands airs.

Sur toute cette séquence, Nicolas Sarkozy s'est évidemment fait son opinion. Comme lui, son jeune successeur s'est voulu un hyperprésident, s'occupant de tout, en première ligne sur tout. Comme lui, il en a payé le prix, même si l'ex-patron de la droite pensera toujours qu'il n'y a pas d'autre manière de faire et que c'est le revers inéluctable du leadership. Après son passage à l'Élysée, lors d'une conférence, il avait résumé les choses ainsi : « Lorsque vous êtes chef de l'État, vous marchez dans la rue et on vous interpelle : “Si j'ai perdu mon emploi, c'est votre faute ! Si ma femme m'a quitté, c'est votre faute ! Si mon patron est un salaud, c'est votre faute !” » Bienvenue au club ! Les graves dérives de l'agent de sécurité d'Emmanuel Macron l'ont renforcé dans une autre de ses convictions composées du même préfixe hellénique : « Les hyper-proches, ça fait des hyper-conneries ! » C'est surtout la perte de contrôle si profonde, si rapide, si globale des choses qui l'a beaucoup frappé. Nicolas Sarkozy a notamment été estomaqué que plus d'une semaine soit nécessaire à Emmanuel Macron pour remplacer Nicolas Hulot, qui plus est, au final, par une solution aussi peu disruptive que la nomination du président de l'Assemblée nationale, François de Rugy. Pour lui, c'est un délai incompréhensible, symptomatique d'un flottement patent et d'un manque d'expérience évident. D'ailleurs il pressent que cela pourrait recommencer rapidement. Du côté du ministère de l'Intérieur, où il a toujours ses antennes, un problème semble imminent.

Dans *L'Express*, à la mi-septembre, Gérard Collomb a annoncé qu'il quitterait le gouvernement après les élections européennes de mai 2019 afin de se lancer dans la course des municipales, chez lui, à Lyon. Aussitôt, une polémique a éclaté : opposition et syndicats de policiers ont demandé si le ministre de l'Intérieur disposait encore, pour assurer sa mission, du temps de cerveau suffisant. Cela a également tout fait remonter au premier plan : ses 71 ans, son bilan guère flamboyant… Place Beauvau, cela a un peu plus déstabilisé son occupant. Lors de son déjeuner à l'Élysée, Nicolas Sarkozy suggère donc à son hôte d'anticiper et de penser à bientôt changer quelques ministres afin de se redonner du souffle. Pour l'Intérieur, il avance même un nom : pourquoi pas Gérald Darmanin ? Emmanuel Macron n'est pas très chaud. S'il devait y procéder à un changement, il opterait plutôt pour une nomination de Jean-Yves Le Drian, le ministre des Affaires étrangères, mais de toute façon, pense-t-il, nous n'en sommes pas encore au temps du remaniement. À peine quarante-huit heures plus tard, si. Gérard Collomb est parti.

Gérald Darmanin lui aussi est parti ; en campagne, pour être précis. Le trentenaire a un principe. Il ne faut jamais chercher midi à quatorze heures. Quand on veut quelque chose, il faut le dire. Depuis quelques mois, il lorgne le ministère de l'Intérieur. Le locataire de Bercy a perçu très tôt la lassitude de Gérard Collomb. L'ancien professeur de lettres classiques le touche avec ses cahiers où il écrit, tel un écolier appliqué, tout ce qu'il doit déclarer en réunion. Depuis l'été, l'ex-maire de Tourcoing n'a cessé de montrer des signes d'intérêt. Un ministère régalien, du quotidien, nécessitant d'être sur le qui-vive en permanence, où Nicolas Sarkozy est passé et a laissé la trace que l'on sait, cela le fait saliver. Lors de la tempête sur le prélèvement à la source, furieux des tergiversations élyséennes, il a même lâché, en privé, devant son cabinet : « Qu'on fasse cette réforme ou qu'on ne la fasse pas, tous les Français me connaissent maintenant et cela va m'aider pour être ministre de l'Intérieur. » On y est. Le poste est libre. Le ministre de l'Action et des Comptes publics a officiellement fait part au chef de l'État et à Édouard Philippe de sa candidature pour le job.

Il n'est pas le seul. Christophe Castaner s'est immédiatement mis sur les rangs. Le ministre en charge des Relations avec le Parlement et délégué général de La République en marche a également depuis belle lurette du bleu dans les yeux. Il rêvait déjà en 2017 d'être nommé premier flic de France. Cette fois, il compte bien parvenir à ses fins. Comme Gérald Darmanin, c'est un pur politique. Entre eux, le choc ne peut être que frontal. Au début du quinquennat, le ministre en charge des Relations avec le Parlement avait convié son collègue du Budget à son ministère. Ils avaient passé un semblant de deal. Ils n'avaient pas le même âge (quinze ans les séparent), il n'y avait pas de raison qu'ils soient concurrents. Mais dans les faits, bien avant que cette compétition ne démarre, cela n'avait pas résisté. L'élu du Nord et celui du Sud prennent tous deux la vie du même côté, le bon ; ils n'hésitent pas régulièrement à échanger des blagues. Ils y ont vite ajouté les coups. Ex-PS, Christophe Castaner est un des tout premiers disciples d'Emmanuel Macron. Il a du mal à accepter la place que prend ce transfuge de la droite auprès du président et au sein du schéma majoritaire. Politiquement, il trouve que le poids des ex-LR a trop déséquilibré l'aventure originelle.

Ce sentiment est partagé par le premier cercle de la macronie, qui soutient activement la candidature de Christophe Castaner pour Beauvau. Ces gardiens du temple mettent aussi en doute la confiance que l'on peut accorder au transfuge des Républicains. « Au moment où l'affaire Benalla a explosé [*Le Monde* l'a révélée le 18 juillet], Gérald Darmanin s'est rendu en Polynésie française [il y était du 27 au 31 juillet], bien à l'abri de la tempête », rappelle opportunément un membre de la garde rapprochée du président. Si Emmanuel Macron se définissait pendant sa campagne « et de gauche et de droite », au pouvoir, le ciment ne prend pas. Au sein de la majorité, les provenances initiales n'arrivent pas à s'estomper. On reste ou de gauche ou de droite. Pour les anciens Républicains, Christophe Castaner, notamment parce qu'il est à la tête du parti macroniste, porte une lourde responsabilité dans cette guerre des fratries. À Édouard Philippe, qui lui demandait un jour ce qu'il pensait de lui, Thierry Solère s'était contenté de deux mots : « Petite merde. »

Alors, Darmanin ou Castaner ? Pour remplacer Gérard Collomb, Emmanuel Macron et Édouard Philippe ont immédiatement une autre idée : une personnalité de la société civile, Jean Castex, maire de Prades, dans les Pyrénées-Orientales, délégué interministériel aux jeux Olympiques de 2024. Ce conseiller-maître à la Cour des comptes a également été l'ancien directeur de cabinet de Xavier Bertrand au ministère de la Santé puis du Travail et l'ex-secrétaire général adjoint de Nicolas Sarkozy à l'Élysée. Pour le Premier ministre, ces lignes sur son CV sont une qualité : sa nomination permettra de poursuivre l'ouverture à droite en cochant de nouvelles cases. Dans l'entourage du chef de l'État, Jean Castex dispose tout autant d'un sérieux défenseur : Alexis Kohler. Quand le premier a été secrétaire général de la préfecture du Vaucluse à la fin des années 1990, le second y a fait son stage durant sa scolarité à l'ENA. Il lui voue une vive admiration. Par l'intermédiaire du secrétaire général de l'Élysée, Emmanuel Macron rencontre Jean

Castex dès les premiers mois de son mandat. Il lui trouve à son tour beaucoup de qualités. D'ailleurs ce n'est pas la première fois que son nom revient lors d'un remaniement. À la rentrée, le départ de Nicolas Hulot avait été l'opportunité de se séparer de la championne olympique Laura Flessel, empêtrée dans des soucis fiscaux. Si l'ancien animateur d'« Ushuaïa » avait été remplacé par une femme, le ministère des Sports aurait été proposé à Jean Castex. À peine un mois plus tard, la perspective de la nomination place Beauvau de cet encarté LR suscite, en coulisses, une levée de boucliers. Même cause, mêmes effets. La tendance gauche de la macronie ne peut l'accepter. Elle fait fuiter son nom dans *Le Journal du dimanche* afin de mieux torpiller cette hypothèse. Cela a bien fonctionné : très vite, elle sera abandonnée.

Du côté de la société civile, une autre option est alors avancée : Frédéric Péchenard. L'ancien flic est encore un proche de Nicolas Sarkozy, même l'un des plus proches : ils sont amis d'enfance. Quand l'ex-chef de l'État était à l'Élysée, il l'a fait nommer directeur général de la Police nationale. Quand il était à la tête des Républicains, il l'a choisi pour être le directeur général du parti. Édouard Philippe défend particulièrement celui qui est aujourd'hui conseiller LR à l'Hôtel de Ville de Paris. S'il l'a découvert récemment, par l'entremise de Thierry Solère, le Premier ministre l'apprécie beaucoup. Au printemps, il l'a convié à un petit déjeuner à Matignon pour parler longuement sécurité. « Il nous apporterait quelque chose d'utile par sa connaissance des sujets, son expertise, sa personnalité, sa capacité à mener des changements », plaide-t-il auprès de l'Élysée. Là encore, l'ADN politique de Frédéric Péchenard serait l'occasion d'élargir la majorité. Dans la tête du locataire de Matignon, il ne s'agirait pas de lui donner les pleins pouvoirs mais d'en faire un secrétaire d'État aux côtés d'un ministre de l'Intérieur plus politique. Comme Gérald Darmanin, par exemple ?

Un remaniement n'est pas qu'affaire de sentiments. La candidature du ministre de l'Action et des Comptes publics embarrasse plutôt Édouard Philippe. Pour de multiples raisons, le chef du gouvernement n'a pas envie de voir son camarade quitter ses fonctions. D'abord si le prélèvement à la source a été confirmé, il reste quand même beaucoup de travail à mener pour que sa mise en place soit un succès. Ensuite, pour tout Premier ministre, c'est précieux d'avoir un proche au ministère du Budget ; cela peut aider quand il faut peser face à l'Élysée. De même, un départ de Gérald Darmanin poserait la question d'un grand Bercy, comme cela fut souvent le cas, sous la coupe de Bruno Le Maire. Or Édouard Philippe n'en veut pas. L'ancien député de l'Eure a noué un lien direct avec le chef de l'État et, entre les deux ex-LR, une méfiance demeurera à jamais. Enfin, à Matignon, on est conscient d'une donnée politique : traditionnellement, à Beauvau, le ministre de l'Intérieur est un fidèle du président. Un tandem constitué de Gérald Darmanin et Frédéric Péchenard est-il dans ces conditions vraiment réaliste ? Cela ne fait-il pas un peu trop d'hommes de droite, qui plus est proches de Nicolas Sarkozy ? Alors s'il faut choisir, entre les deux, Matignon pousse Péchenard.

L'ex-chef de l'État, lui, n'entend pas trancher. « Gérald Darmanin n'est pas un sarkozyste, c'est un ami », réplique-t-il à ceux qui lui font remarquer que ce duo est peut-être un peu trop marqué. Parallèlement, l'ex-chef de l'État encourage Frédéric Péchenard à accepter si Emmanuel Macron lui fait une offre. « S'ils te proposent d'être secrétaire d'État, vas-y ! » Pourtant, pour lui, cela ne serait pas sans conséquence : l'élu parisien est si marqué par leur proximité, que, par ricochet, cela aimanterait forcément l'ancien président au pouvoir macroniste. Au sein des Républicains, les remous seraient inévitablement très vifs. Pour Laurent Wauquiez, ce serait sans doute, sur le moment, une difficulté à gérer car cela serait un départ supplémentaire, mais cela lui offrirait également une opportunité inespérée de désarkoïser une bonne fois pour toutes son parti.

L'ex-chef de l'État ne s'en soucie pas. Darmanin, Castex (même si, ces dernières années, il s'était fortement éloigné de lui), Péchenard… Tout cela, c'est quand même d'abord le signe que, quelque part, il reste incontournable, non ? Nicolas Sarkozy est ainsi très flatté qu'Emmanuel Macron ait beaucoup apprécié « Fred ». Le chef de l'État a reçu l'ancien directeur de la Police nationale dans son bureau, en tête à tête. Il l'a interrogé sur l'incapacité française à faire reculer l'immigration irrégulière. Pour lui répondre, Frédéric Péchenard a pris un exemple précis : il y a eu l'an passé seulement treize Maliens en situation irrégulière en France reconduits dans leur pays parce que le Mali a refusé d'en accepter d'autres sur son sol. Pour régler le problème, il faudrait donc, selon lui, procéder à un donnant-donnant entre les laissez-passer consulaires, nécessaires pour le retour d'un sans-papiers sur sa terre d'origine, et les visas. « Et pourquoi personne ne l'a jamais fait ? » a poursuivi le président. « Parce que personne n'a eu le courage de prendre une telle décision. Y compris vous ! » a rétorqué Frédéric Péchenard. « Vous êtes direct, vous ! » a souri Emmanuel Macron. Il a bien aimé ça.

Il l'a d'ailleurs dit à François Bayrou. « Péchenard est formidable. Pourquoi dites-vous qu'il ne faut pas le nommer ? » Depuis des jours, le maire de Pau ne cesse en effet de l'alerter. L'ombre de Nicolas Sarkozy rôde trop derrière tout cela. « Si vous nommez Darmanin ou Péchenard, la police ne sera plus entre vos mains, met-il en garde le chef de l'État. Ce serait une folie ! Combien faudrait-il d'heures pour qu'un P-V d'audition remonte là où il ne faut pas ? » Le patron du MoDem a noué une vraie relation de proximité avec le locataire de l'Élysée, pour lequel il a renoncé en 2017 à être, une quatrième fois, candidat. Ce dernier l'appelle presque chaque jour. Il le voit quasiment chaque semaine. « Entre nous, il y a de la fraternité », certifie François Bayrou. Dans cette affaire, il se fait fort de lui ouvrir les yeux. Emmanuel Macron est « quelqu'un qui fait naturellement confiance ». Pas lui. Le centriste sera toujours celui qui se dressera en travers de la route de Nicolas Sarkozy.

Ces deux-là se connaissent tellement par cœur ; cela fait si longtemps qu'ils se sont reniflés. Ils ont fait leurs débuts ensemble, au sein du gouvernement Balladur, il y a un quart de siècle. Ils se sont affrontés lors de deux présidentielles et une élection européenne. En 2008, pour les municipales à Pau, l'ex-chef de l'État a fait en sorte que le centriste soit battu en soutenant le maire sortant issu du parti socialiste. L'année suivante, le Béarnais a publié un pamphlet, *Abus de pouvoir*, pour dénoncer la présence d'un « enfant barbare » à l'Élysée. Encore durant la primaire, Nicolas Sarkozy avait collé, en lettre écarlate sur le costume d'Alain Juppé, le soutien du centriste, honni chez Les Républicains. Est-il utile de rappeler qui était son directeur de campagne ?

François Bayrou ne l'a pas oublié. Depuis le début, le leader du MoDem se méfie du ministre de l'Action et des Comptes publics. « Quand je vois Darmanin, je vois Sarkozy », assène-t-il. Autour de la table des dîners de la majorité, il a bien vite noté que le trentenaire « est toujours du côté du plus fort », comme l'était l'ex-président. En politique, Bayrou est un bourdieusien. Pour lui, le déterminisme l'emporte sur tout. « Gérald Darmanin, c'est un RPR et un RPR sera toujours un RPR. Moi je suis un démocrate-chrétien. C'est comme l'eau et l'huile. Vous pourrez revenir vingt ans plus tard, cela ne se sera toujours pas mélangé », affirme-t-il.

En l'espèce, le centriste ne veille pas qu'à contrer l'entreprise sarkozyste. Il manœuvre aussi pour contrecarrer l'influence d'Édouard Philippe. Il a lu dans la presse que le Premier ministre a pris l'initiative d'organiser une rencontre entre Christophe Castaner et Frédéric Péchenard. Quand le premier est arrivé à Matignon, il ne savait pas que le second serait présent. Pour le patron du MoDem, c'est le signe que le chef du gouvernement veut forcer la main au président. Il le dit à Emmanuel Macron. C'est l'indice supplémentaire que ce qui intéresse d'abord le Premier ministre, c'est de reconstruire la droite. C'est toujours le soupçon qu'il a nourri à l'endroit du locataire de Matignon, dont il n'a jamais vraiment accepté la nomination. Pour lui, Emmanuel Macron n'a pas été élu pour mettre en place le programme d'Alain Juppé. Bien souvent, il a levé les yeux au ciel : pourquoi, après avoir réussi un coup si fumant en 2017, être allé chercher un Premier ministre issu des Républicains qui, de surcroît, avait voté François Fillon au premier tour ? On était chez les dingues !

Durant deux semaines, le remaniement est devenu une pièce ubuesque, qui a mis à l'arrêt toute la machine gouvernementale. Cela a également transformé la majorité en tranchées, où deux camps se font face, comme jamais depuis le début du quinquennat. Au final, le premier cercle de la macronie, aidé de François Bayrou, l'emporte sur toute la ligne. Après moult rebondissements, Christophe Castaner est nommé place Beauvau. Laurent Nuñez devient secrétaire d'État auprès de lui. L'ancien préfet de police des Bouches-du-Rhône avait été promu, en juin 2017, directeur général de la sécurité intérieure par Emmanuel Macron. Il doit tout à celui-ci. Frédéric Péchenard a refusé le poste. Dans la dernière ligne droite, on le lui avait proposé mais à une condition : il n'aurait ni ordre sur la police et la gendarmerie, ni cabinet propre – ce qui signifiait qu'il serait complètement soumis au bon vouloir de Christophe Castaner. L'élu LR de la capitale, qui y avait vraiment cru, a préféré refuser. Trois mois plus tard, on l'a de nouveau approché : serait-il intéressé par la préfecture de police de Paris, le président veut en changer le titulaire ? Il dira à nouveau non.

Cet affrontement laissera de profondes cicatrices au sein de la majorité. Elle acte un peu plus le clivage qui y existe entre la rive gauche et la rive droite.

Gérald Darmanin en cultivera un profond ressentiment. C'est la première fois qu'il paie sa proximité avec Nicolas Sarkozy. C'est la deuxième, après le prélèvement à la source, qu'une partie de la macronie lui savonne la planche et que le président lui montre un signe de défiance. Il ne le comprend pas : à Bercy, ne dispose-t-il pas déjà d'informations très sensibles à gérer ? En quoi cela aurait-il été différent au ministère de l'Intérieur ? L'ex-chef de l'État, lui aussi, est amer. Nicolas Sarkozy considère qu'on a fait une mauvaise manière à Frédéric Péchenard. Il ne comprend pas pourquoi Emmanuel Macron laisse une telle emprise à François Bayrou. Il a le sentiment que tout cela n'est que politesse, que son successeur l'écoute mais qu'au final il s'en moque. « Je viens quand on m'invite. Je lui donne des conseils. Mais il n'en retient aucun. Cela commence à me gaver », s'agace-t-il auprès d'un ami.

« Il attend le coup de pistolet »

Il y est allé en traînant les pieds. Et puis il en est revenu très guilleret. Nicolas Sarkozy n'avait guère envie d'assister à la grande cérémonie commémorant le centenaire de la fin de la Première Guerre mondiale, au pied de l'Arc de Triomphe. Emmanuel Macron trônerait en majesté au milieu de Donald Trump, Angela Merkel et Vladimir Poutine. Lui serait relégué dans la tribune en face de celle des grands de ce monde. Pour un ancien chef de l'État, redevenir un simple spectateur n'a jamais rien d'évident. Quand on s'appelle Nicolas Sarkozy et qu'on aime tant être le centre de tous les regards, c'est encore plus frustrant. Cela vous rappelle que vous êtes désormais dans une autre case, ingrate et bornée, celle du passé.

Finalement, ce 11 novembre 2018 ne fut pas ce qu'il avait imaginé. L'ex-locataire de l'Élysée a été celui que tous ont voulu saluer, de ses anciens homologues étrangers au moindre ministre ou parlementaire français. Lorsque le dernier mouvement du *Boléro* de Maurice Ravel – qui fut lui-même engagé dans le conflit – a démarré, c'est lui qui a donné le *la*. Il a été le premier à se lever et tous les autres ont suivi. Tous, vous entendez bien, tous, tout président russe ou américain qu'ils soient. Décidément, quelles que soient les circonstances, il sera toujours un leader. Au fond, il est comme ces très rares poilus miraculés grâce à deux tirs d'obus tombés successivement au même endroit. Aussitôt enterré, aussitôt déterré ! Dès le lendemain de son humiliation à la primaire, après laquelle il eut tellement peur de disparaître, les déboires de François Fillon lui ont permis de redevenir immédiatement le point cardinal de sa famille, la droite française. En ce deuxième automne du quinquennat d'Emmanuel Macron, une autre étape est franchie. L'affaire Benalla, les démissions de Nicolas Hulot, puis de Gérard Collomb ont fait perdre le nord au président, qui a plongé dans les affres de la grande impopularité. Parallèlement, son prédécesseur est, lui, redevenu à la mode.

Rebonjour là-haut ! Dans les enquêtes d'opinion, l'ex-chef de l'État a retrouvé les premières places. À droite, il est de loin le préféré. Dans l'électorat macroniste, son image ne cesse de se bonifier. Ses bonnes relations affichées avec son jeune successeur produisent visiblement leurs effets. Il engrange aussi les fruits du positionnement discret qu'il s'est choisi. Il est là sans l'être. Il n'est pas là tout en l'étant. Il s'engage pour une cause, le cancer des enfants.

Tous les deux mois environ, il effectue un déplacement en France pour décorer un ami, participer à une cérémonie, faire un peu parler de lui. Régulièrement, il met en scène son bilan, témoignant sur la grande crise de 2008, livrant son expérience de la pratique des institutions. Il accorde un grand entretien de quinze pages au *Point*, où il donne sa vision de la marche du monde, salué par tous. Chaque fois qu'il intervient, il pèse ses mots au trébuchet, pour à la fois faire passer un message mais sans provoquer aucun braquage.

Résultat, Nicolas Sarkozy devient maintenant celui auquel il faut demander audience. Sous le coup des difficultés, députés et ministres du « nouveau monde » redécouvrent les bienfaits de l'expérience et veulent requérir son avis. Benjamin Griveaux est de ceux-là. Le porte-parole du gouvernement lorgne les municipales à Paris en mars 2020 et souhaite en parler à celui qui s'entend si bien avec Anne Hidalgo. Richard Ferrand l'a invité à déjeuner à l'hôtel de Lassay. Le président de l'Assemblée nationale, ancien socialiste, ne l'a pas regretté : il a adoré cette rencontre. L'ex-chef de l'État était également content d'avoir accepté. « La prochaine fois, vous viendrez dîner avec votre compagne et vos enfants chez moi ! » Il a trouvé que le député breton, qui a, comme lui, affaire à la justice, avait les pieds sur terre et marchait à l'affectif.

Même quand on ne lui demande rien, Nicolas Sarkozy ne se fait pas prier. À l'occasion d'une cérémonie du 8 Mai, il croise le jeune député macroniste de la capitale, Pierre Person. Il lui glisse un conseil : « Vous êtes toujours le jeune de quelqu'un, toujours trop jeune ou trop vieux. Donc n'attendez pas et allez-y ! » Lors de la messe en l'église de la Madeleine pour Johnny, un grand barbu trentenaire vient s'asseoir à sa gauche. « C'est qui ? C'est qui ? » demande-t-il à Jean-Pierre Raffarin, placé derrière lui. C'est Hugues Renson, député LREM de Paris, qui représente le président de l'Assemblée nationale, François de Rugy, qui se marie ce samedi-là. Arrive le moment de la quête. L'ex-président, pas plus que Carla, n'a le moindre centime sur lui. Il paraît qu'on ne prête qu'aux riches. Il sollicite son voisin qui fait le fond de ses poches et en ressort quelques pièces de monnaie.

Nicolas Sarkozy les prend toutes, à l'exception de deux euros qu'il laisse à Hugues Renson.

L'ancien patron de la droite découvre tout un personnel qu'il ne connaît pas. Il n'en oublie pas pour autant celui qu'il a fréquenté si longtemps. Le moindre élu des Républicains qui réclame une entrevue est reçu rue de Miromesnil. Il reprend langue aussi, apaise des relations, bref, fait l'armistice, puisque la période s'y prête, avec ceux de son camp qui ont pu avoir des mots avec lui. Il déjeune avec Jean-Louis Borloo, qu'il ne voyait plus beaucoup ces dernières années. Au printemps, l'ancien ministre de l'Écologie s'était fait humilier par Emmanuel Macron, qui avait enterré sans prendre de gants son plan banlieue. Il demeure furibard contre ce dernier. Il y a quelques jours, il a croisé Ségolène Royal qui fêtait son anniversaire avec une amie commune. Jean-Louis Borloo lui a soufflé une idée à laquelle elle n'avait pas pensé : il faut qu'elle soit candidate aux élections européennes de mai 2019. Il est même prêt à lui donner un coup de main. Si une telle paire ne porte pas un coup fatal à la liste de la majorité… Au final, l'ancien chef de l'État n'a pas vu l'intérêt de ce rendez-vous avec le centriste, il ne le refera plus. Dans la foulée, il en reçoit un autre, qui l'a souvent peu épargné, Jean-Christophe Lagarde. Le président de l'UDI a également dans le viseur l'échéance européenne, qui sera le premier scrutin du quinquennat. Il veut se lancer sous ses propres couleurs, alors qu'Emmanuel Macron voudrait rassembler tous les pro-européens sous sa bannière. « Si les centristes ne vont pas aux européennes, à quelle élection seront-ils candidats ? La famille de Giscard, de Borloo, de Veil... » l'encourage Nicolas Sarkozy. Il a renoué avec Valérie Pécresse. Entre les deux tours de 2017, ils avaient eu un tête-à-tête très houleux. L'ex-chef de l'État avait reproché à la patronne de la Région Île-de-France de lui avoir préféré Alain Juppé pendant la primaire. Par la suite, les propos sans tendresse qu'il tenait sur Valérie Pécresse avaient fleuri dans la presse. Maintenant, ils se sont expliqués, cela va mieux.

Évidemment, tout se sait. Cet activisme est de plus en plus commenté. Et s'il avait, une nouvelle fois, la tentation de revenir ? Éric Ciotti : « Il est de moins en moins retraité. » Jean-François Copé : « Il reste encore derrière tout cela. Et il compte bien que personne ne lui survive. » Rachida Dati : « C'est Usain Bolt sur la ligne de départ. Il attend le coup de pistolet. » Même ses adversaires de toujours saluent l'artiste. François Bayrou :

« Nicolas Sarkozy n'aurait pas ses affaires, il serait très bien placé. » Nicolas Dupont-Aignan : « Je ne l'enterre pas du tout. Pour 2022, c'est le plus solide concurrent. »

« Il est en embuscade mais pas obsédé », juge, lui, Jean-Pierre Raffarin. En avril 2017, dans la cour de la préfecture de Paris, à l'occasion de l'hommage à Xavier Jugelé, le policier mort lors d'un attentat sur les Champs-Élysées, les deux hommes, fâchés, n'avaient pas échangé un mot, bien qu'ils soient côte à côte. Cet automne, Nicolas Sarkozy a rappelé l'ex-Premier ministre et l'a invité à sa table. Ensemble, ils ont confronté leur analyse de la période. L'ancien président n'est pas optimiste. Il pense que la situation en Europe est très inquiétante, qu'une mer très agitée pourrait se lever et qu'Emmanuel Macron n'est pas un barreur de gros temps. S'il y avait une crise, aurait-il les nerfs pour discuter avec Trump ou Poutine ? Pour lui, ce n'est pas un problème de capacité mais d'expérience. Et l'expérience, cela ne s'invente pas ! La conclusion sarkozyste reviendra un peu plus tard à Jean-Pierre Raffarin quand Jean-Louis Debré lui fera part de son déplacement à Colombey. Le 4 octobre, le locataire de l'Élysée a demandé au chiraquien de l'accompagner dans le fief gaulliste. Après sa visite, le chef de l'État doit se rendre au Conseil constitutionnel pour prononcer un discours à l'occasion du soixantième anniversaire de la Constitution de 1958. Dans l'hélicoptère, il fait relire son texte à celui qui a présidé cette juridiction. Jean-Louis Debré n'hésite pas à biffer quelques formules avec le feutre bleu qui ne le quitte jamais. Il estime qu'Emmanuel Macron exprime les choses trop directement. Une allusion à la monarchie de Juillet et à son caractère libéral lui semble, par exemple, fort maladroite : « On dirait que vous cherchez à vous faire caricaturer sur une chaise à porteurs, comme nous l'avions fait en 1995 pour Balladur ! » Oui, l'expérience, cela ne s'invente pas…

Grâce à elle notamment, on sent quand les vents tournent. Très tôt, l'ancien président a ainsi compris que pour lui, c'était le cas. « Je constate que mon bilan est rehaussé », confiait-il dès la fin de novembre 2017. Il prenait l'exemple de la suppression de 155 000 emplois dans la fonction publique qu'il a réalisée durant son quinquennat. « J'ai été critiqué, on disait que ce n'était pas assez. Depuis je me rassure. » Le changement d'air qu'il ressentait à cette époque ne concernait pas que sa personne ; c'était aussi plus général. « Je me demande si ma grande expertise des crises ne va pas être sollicitée », ajoutait-il.

Deux mois plus tôt, il était pour ses affaires à Mexico. « Vous ne sentez pas que ça bouge ? », avait demandé Nicolas Sarkozy aux deux collaborateurs qui l'accompagnaient, leur garantissant que la terre était en train de trembler sous leurs pieds. Mais non, eux ne sentaient rien du tout. Quinze jours plus tard, Mexico fut touché par un violent séisme qui fit trois cent soixante-dix morts.

« Ils sont à la fois le joueur et la mise »

Gérald Darmanin a défait tout son agenda et convoqué de manière improvisée son cabinet. Lundi 19 novembre 2018, 9 heures. Le ministre de l'Action et des Comptes publics veut discuter avec sa garde rapprochée de ce qui s'est passé deux jours plus tôt. Partout en France, des ronds-points ont été bloqués et des barrages filtrants installés pour protester contre la hausse du prix du carburant et la taxe carbone. La crise des gilets jaunes a commencé.

Le gaulliste social sent bien que quelque chose de profond est en train de faire basculer le quinquennat d'Emmanuel Macron dans une autre phase. Il est élu d'une région très particulière, touchée depuis des décennies par la désindustrialisation, un sentiment d'abandon très fort, une montée de la colère dévorant tout, qui s'est traduite par la progression irrésistible du Rassemblement national. Les Hauts-de-France sont-ils devenus la France de 2018 ? Gérald Darmanin a le sentiment de ne pas être face à un mouvement totalement inconnu. Il en identifie vite les ressorts, qu'il décrira dans une note adressée au président de la République : la détestation des riches (avant de gagner plus, les gilets jaunes veulent d'abord que leur voisin gagne moins, selon lui) et celle des immigrés, particulièrement des Maghrébins (lorsque, dès le 25 novembre 2018, au Grand Jury RTL-Le Figaro-LCI, il emploiera le terme de « peste brune », il créera la polémique).

Pour autant, il n'est pas dans une situation si confortable. C'est à l'origine une nouvelle expression du ras-le-bol fiscal et il est le ministre des impôts. Bien conscient que le pouvoir d'achat était la principale attente des Français, il a aussi mis le focus sur ce sujet et est, quelque part, un des responsables de ce qui est arrivé. Quasiment dès sa nomination à Bercy, il a promis, pour octobre 2018, « un 13e mois » aux Français, composé de l'addition de la suppression de la taxe d'habitation, des baisses de cotisations salariales et de l'augmentation de la prime d'activité. Pour l'élu du Nord, qui s'emploie à ne pas s'exprimer en points, qu'ils soient de croissance, de déficit, de dette ou de TVA, la formule, qu'il répétera à l'envi, a l'avantage d'être parlante. Justement, elle l'est peut-être un peu trop. La promesse du ministre du Budget n'est-elle pas une prise de risque inconsidérée ? En matière de pouvoir d'achat, n'en faudrait-il pas beaucoup pour convaincre les Français qu'ils en ont davantage dans leur porte-monnaie ? Quand la date fatidique est arrivée, une partie du pays s'est mise à gronder et la France a presque vacillé.

Durant ces jours-là, la violence a déferlé dans les centres-villes des métropoles comme dans les plus petites communes de France. Durant ces jours-là, factieux d'extrême droite et anarchistes d'extrême gauche ont fait jonction. Durant ces jours-là, la haine d'Emmanuel Macron, des Juifs, des flics, des élites s'est libérée comme un gaz trop longtemps retenu. Durant ces jours-là, le troisième personnage de l'État, le président du Sénat, Gérard Larcher, a déclaré que « la République était menacée ». Durant ces jours-là, le président du conseil régional de La Réunion, Didier Robert, et sa famille ont dû être mis à l'abri dans une caserne militaire tant la situation sur l'île n'était plus maîtrisée. Durant ces jours-là, le fils d'Agnès Buzyn, la ministre de la Santé, et petit-fils de Simone Veil, a été menacé par l'activiste d'extrême droite condamné pour antisémitisme, proche de Dieudonné, Alain Soral. Durant ces jours-là, un politique qui en avait pourtant vu d'autres est venu trouver Édouard Philippe pour lui demander de décréter le couvre-feu sur la capitale. Durant ces jours-là, la peur, la panique se sont infiltrées partout au sein du pouvoir.

Le 7 décembre, Nicolas Sarkozy vient déjeuner à l'Élysée. Sa « grande expérience des crises » est « sollicitée ». Emmanuel Macron réfléchit à la prise de parole déterminante qu'il s'apprête à faire afin de tenter de calmer les esprits et de sauver sa peau. Il veut en discuter avec celui qui a entretenu un silence soigné, alors que tout le monde a voulu donner son analyse d'un phénomène observé par la planète entière. La veille de ce rendez-vous, l'ex-chef de l'État a partagé sa table avec Yasmina Reza. « Ils jouent gros. Ils sont à la fois le joueur et la mise. Ils ont mis eux-mêmes sur le tapis. Ils ne jouent pas leur existence, mais, plus grave, l'idée qu'ils s'en sont faite », écrivait la dramaturge dans le livre qu'elle avait consacré à sa campagne en 2007, *L'Aube le soir ou la nuit*. Aujourd'hui, qu'y a-t-il de plus à dire ? Son successeur en est là.

Au cours de leur conversation, Nicolas Sarkozy considère le président comme lucide sur la situation. Brigitte vient le saluer. Il la trouve en revanche très inquiète. Il n'est pas surpris. La première dame échange régulièrement par SMS avec Carla. Elle ne lui avait pas caché ses sentiments.

Les gilets jaunes, c'est une France que connaît bien l'ex-président. Celle « qui se lève tôt », des ouvriers, des usines, qu'il a beaucoup sillonnée, en ayant fait un des axes de sa conquête élyséenne. Dès son arrivée au pouvoir, il avait immédiatement pris pour elle une mesure : la défiscalisation des heures supplémentaires. Emmanuel Macron, lui, l'appréhende plus mal. Lors de moments de si grande tension, Nicolas Sarkozy est toujours convaincu d'une chose : il ne faut surtout pas paraître chancelant. Durant le précédent quinquennat, du temps où l'anti-hollandisme empêchait presque le socialiste de sortir de son palais, il disait : « La faiblesse de Hollande va susciter encore plus de violence. » Il n'a pas changé d'avis. En revanche, il y a un point sur lequel il n'a plus beaucoup de certitudes. On le sait : pour l'ancien chef de l'État, la notion de leadership est clé dans le monde d'aujourd'hui. Or, cette crise vient la remettre en cause. Pour lui, la dictature de l'égalitarisme fait que les gens ne l'acceptent plus. « Les gens n'en veulent plus. Ils ne veulent plus être dirigés », expliquera-t-il à un ami. Il ne cache pas que cela l'interroge.

Emmanuel Macron est un solitaire, qui ne confie pas grand-chose. Même auprès de ses plus proches, il ne livrera pas ce que lui ont inspiré ses échanges avec son prédécesseur. Le 10 décembre, à 20 heures, il prend la parole et met sur la table, devant 23 millions de Français, dix milliards d'euros de mesures. Avant son allocution solennelle, le président n'a partagé avec personne le contenu de ses annonces. Ni Édouard Philippe, ni ses ministres n'ont été mis dans la confidence. Les jours suivants, le locataire de Matignon devra faire preuve d'une ingéniosité, au-delà de l'imaginable, pour réussir à techniquement mettre en œuvre la hausse de 100 euros du SMIC dès le 1er janvier promise par le chef de l'État.

Ce soir-là, Gérald Darmanin dîne à Lille avec Marc-Philippe Daubresse. Il est désappointé par l'attitude du chef de l'État, qui n'a retenu aucune des propositions qu'il lui a faites, à l'exception de la défiscalisation des heures supplémentaires, pour laquelle il a beaucoup milité[1]. « Le président n'en a

1. Initialement, le gouvernement avait décidé, à la rentrée 2018, que les heures supplémentaires seraient simplement désocialisées (les charges sociales et patronales seraient supprimées) à partir du 1er septembre 2019. Le 10 décembre, Emmanuel Macron annonce la reprise entière du système Sarkozy avec la défiscalisation totale des heures supplémentaires (il n'y a plus ni impôts, ni charges) et l'entrée en vigueur du dispositif dès le 1er janvier 2019.

pas grand-chose à faire de nous. Il ne nous écoute pas », se lamente-t-il auprès du sénateur LR du Nord. Pendant le repas, il reçoit un coup de fil de Bruno Le Maire. Le ministre de l'Économie et des Finances est très mécontent de l'ampleur de la somme qui a été lâchée et de l'image que cela va donner de la France sur la scène européenne. Il ne comprend notamment pas pourquoi le chef de l'État a annulé la hausse de la CSG pour les retraités touchant moins de 2 000 euros par mois. Alourdir leur fiscalité afin de redonner du pouvoir d'achat aux salariés était pourtant un marqueur de sa campagne ; cela faisait partie de son ADN, estime-t-il. Pourquoi choisir de tout brouiller ? Le lendemain, il participera à un déjeuner à l'Élysée avec le Premier ministre et Gérald Darmanin. Bruno Le Maire se battra pour que, sur les dix milliards d'euros dépensés la veille, quatre soient financés par des économies. Il l'emportera mais il gardera le sentiment que, pour Emmanuel Macron, la réduction des déficits n'est pas une priorité si urgente et que cela peut même conduire à faire des bêtises. Du temps où il était à l'Élysée, Nicolas Sarkozy n'était pas loin de penser la même chose…

Après la déclaration présidentielle, qui fera un peu retomber la pression sans mettre un terme à la crise des gilets jaunes, celui-ci interrogera Pierre

Giacometti. L'ex-chef de l'État devrait-il faire un communiqué pour se féliciter notamment du retour des heures supplémentaires défiscalisées ? Son ancien conseiller l'en dissuade. Pourquoi le dire lui-même ? Les autres le font si bien à sa place. Dans l'hémicycle de l'Assemblée nationale, Olivier Faure, le premier secrétaire du parti socialiste, n'a-t-il pas fustigé « des mesures made in Sarkozy » ? Rue de Miromesnil, un homme, quand il l'a appris, a souri.

« Sans Gérald au quotidien, continues-tu à grandir ? »

« Xavier Bertrand est l'un des rares à avoir vu ce qui se passait sur son territoire. Il a mesuré, plus vite que d'autres, la crise qui couvait. » C'est Emmanuel Macron qui parle. Pour le chef de l'État, ainsi qu'il l'a confié à des journalistes[1], le président des Hauts-de-France est le seul à avoir anticipé le mouvement des gilets jaunes. Le 19 octobre, il avait eu un tête-à-tête avec lui à l'Élysée – le premier. L'échange avait été assez direct. Xavier Bertrand s'était montré peu tendre. « Qu'est-ce que tu me reproches ? » lui avait lancé Emmanuel Macron. « La théorie du premier de cordée et celle du ruissellement », avait rétorqué son interlocuteur. À la suite de cet entretien, l'ancien maire de Saint-Quentin avait remarqué que le président employait dorénavant une expression dont il usait, comme Gérard Larcher, depuis longtemps : « à portée d'engueulade ». Cela ne s'était pas arrêté

1. Le 31 janvier 2019.

là. Lors de son allocution du 10 décembre pour tenter de résorber la fronde, le chef de l'État avait repris une des propositions que l'ancien ministre du Travail venait de formuler : le versement par toutes les entreprises qui le peuvent d'une prime de fin d'année exceptionnelle, totalement défiscalisée, à leurs salariés.

Déjà, durant son itinérance automnale dans le nord-est de la France, à l'occasion du centenaire de la fin de la Première Guerre mondiale, Emmanuel Macron avait apprécié le comportement du patron des Hauts-de-France, qui l'avait suivi durant tout son périple. « Il a eu une attitude très républicaine », avait-il précisé à Gérald Darmanin. Il l'avait répété en Conseil des ministres. Le ministre de l'Action et des Comptes publics avait eu le sentiment de ne pas y être pour rien. « Pourquoi vous ne traitez pas davantage Xavier Bertrand ? » Souvent, avant que le rendez-vous du 19 octobre ait lieu, il avait posé la question au président. Entre le locataire de l'Élysée et l'élu de droite, il est vrai que les choses avaient fort mal commencé. En mai 2017, Xavier Bertrand racontait qu'Alexis Kohler l'avait appelé et qu'il avait refusé le poste de Premier ministre, notamment parce qu'il était en désaccord avec la hausse de la CSG pour les retraités promise par le candidat d'En Marche ! durant sa campagne. Ce serait, selon lui, un nouveau coup dur pour le pouvoir d'achat. Du côté de l'Élysée, on n'avait pas vraiment la même version. C'est Xavier Bertrand qui avait d'abord cherché à joindre à plusieurs reprises Alexis Kohler, qui avait fini par le rappeler, corrigeait-on. Aucune proposition ne lui avait jamais été faite, démentait-on. « Emmanuel Macron et Alexis Kohler aiment les choses claires. Xavier, pour eux, c'est trop compliqué », m'expliquera plus tard Gérald Darmanin au sujet de ces relations inexistantes.

À l'époque, Xavier Bertrand avait été déstabilisé par le choix du maire de Tourcoing de rejoindre ce nouveau chef de l'État. Pour celui qui nourrissait de grandes ambitions, c'était un signal politique, et pas un bon. « Gérald pense que Macron est là pour dix ans ! » en déduisait-il. C'était aussi une difficulté humaine. Le trentenaire, même s'il avait déjà pris un peu d'indépendance en se rapprochant de Nicolas Sarkozy, était un pilier de sa galaxie. « Gérald est l'un des seuls à savoir lui parler, à pouvoir le gérer. Xavier l'écoute vraiment », témoignait un ami commun, qui ajoutait sept mots clés : « Il ne peut pas réussir sans lui. » Il-ne-peut-pas-réussir-sans-lui. C'était dit. Auprès de lui, le maire de Tourcoing était toujours celui qui avait les raisonnements les plus aboutis. Pendant la présidentielle, il lui avait ainsi suggéré de s'inspirer de Nicolas Sarkozy en 2002, quand Jacques Chirac s'était représenté : le futur ministre de l'Intérieur avait fait campagne de son côté, sur son nom ; il avait tenu ses propres meetings avec ses propres thèmes, et comme cela s'était rendu incontournable. Les déboires de la candidature Fillon rendraient tout calcul de ce type illusoire.

Même s'ils ne siègent plus dans le même camp, les deux hommes restent néanmoins proches. Ils s'appellent souvent, dînent régulièrement. Gérald Darmanin n'oubliera jamais ce que Jacques Toubon lui a soufflé un jour au sujet de Xavier Bertrand : « Il faut se méfier de lui : il a une tête d'électeur. » Le cadet est admiratif de la capacité de travail, il faut le reconnaître, monstrueuse de son aîné. Le président des Hauts-de-France lui passe un coup de fil parfois le samedi au sujet de telle ou telle manifestation qui a lieu dans Tourcoing. « C'est bien, ça ? » Si la réponse est positive, Xavier Bertrand s'y rend, même si Gérald Darmanin n'y va pas. L'admiration est réciproque. Pour le quinqua, le trentenaire, qu'il a découvert, « est un de ceux qui ont le plus de talent ». Le soir de son élection à la mairie de Tourcoing, il est venu se glisser dans la foule, réunie dans l'Hôtel de Ville pour l'applaudir, tel un simple citoyen, tel un parrain veillant sur son poulain. Par la suite, faisant contre mauvaise fortune bon cœur, il a décidé de prendre ses ralliements à Nicolas Sarkozy, puis à Emmanuel Macron, comme un challenge : « Pour moi, c'est une saine émulation. Sans Gérald au quotidien, continues-tu à grandir ? » argue-t-il.

À l'automne 2018, Xavier Bertrand est venu à deux reprises à Bercy. Il participe à un petit déjeuner avec des députés des Hauts-de-France et des patrons, organisé par le ministre de l'Action et des Comptes publics. Il est de nouveau là pour un raout avec des maires du cru. Localement, ils ont toujours destins liés. Ensemble, ils ont beaucoup parlé des municipales à Lille en 2020. Au lendemain de sa nomination au gouvernement, Gérald Darmanin avait très envie de se lancer à la conquête du Beffroi de Martine Aubry et de quitter Tourcoing, où il était resté premier adjoint. Xavier Bertrand était plus réservé : « Tu peux gagner, mais après ? Pendant combien de temps cela va-t-il t'intéresser ? » Le patron de la Région percevait avant tout chez le benjamin l'exaltation du combat politique. Tout compte fait, le pari semblera trop risqué, il demeurera à Tourcoing. « J'ai gagné à sept cents voix en 2014. Décrocher un deuxième mandat en étant bien réélu, cela me plairait », proclamera Gérald Darmanin à partir de la mi-2018.

Aujourd'hui, Xavier Bertrand se rêve un destin plus national. Après sa victoire aux régionales face à Marine Le Pen, il avait passé un cap dans l'opinion. Sa pelote a ensuite continué à grossir régulièrement. Il a quitté Les Républicains au lendemain de l'élection de Laurent Wauquiez, mais les difficultés de celui-ci à s'imposer ne cessent finalement d'alimenter ses réseaux à droite. Il cultive aussi un profil assez œcuménique qui lui permet d'engranger ailleurs. Et si c'était lui ? De plus en plus de regards se tournent vers le patron des Hauts-de-France. Certains le voient à Matignon, même si lui assure qu'il refusera toute proposition d'Emmanuel Macron, vis-à-vis duquel il cultive un ton critique. C'est la présidentielle de 2022 qu'il a en ligne de mire, jure-t-il. Il reste encore quand même des réfractaires. « Xavier Bertrand, président de la République ? Ce n'est pas sérieux ! » a glissé Valéry Giscard d'Estaing à un député LR.

Au milieu de toutes ces proximités, Gérald Darmanin, lui, veut être clair. « J'ai une loyauté et une fidélité, c'est au président de la République actuel[1] », proclame-t-il. Mais parce qu'il ne cesse de grandir, il prend aussi un engagement. : « Je ne me présenterai jamais contre Xavier Bertrand à une élection. Je sais ce que je lui dois et il est mon ami. Même si nous avons des différences[2]. » Malgré tout, petit à petit, parce que c'est comme ça, parce que c'est la vie, des questions ne peuvent s'empêcher de fleurir. L'un peut désormais se demander parfois si le conseil que lui donne l'autre est totalement désintéressé.

Le ministre de l'Action et des Comptes publics a pu faire en sorte qu'entre Emmanuel Macron et le président des Hauts-de-France il y ait du mieux. Il y a en revanche renoncé entre Nicolas Sarkozy et son ancien ministre. À de rares exceptions près – l'ancien chef de l'État a appelé ce dernier récemment quand il est devenu papa pour la quatrième fois ; ils échangent leurs vœux –, il n'y a plus de contacts entre eux. Xavier Bertrand n'en a pas envie. « Il a un vrai besoin de reconnaissance », répétait souvent François Fillon. Or, le président des Hauts-de-France s'est bien des fois senti méprisé par Nicolas Sarkozy. Durant la primaire, ce dernier lui avait promis le ministère de l'Intérieur et le titre de ministre d'État

1. Entretien avec l'auteur, le 7 février 2019.
2. *Ibid.*

en échange de son soutien. Xavier Bertrand n'y a pas donné suite. Ça non, il ne serait plus jamais sous ses ordres !

Lorsqu'il a été élu personnalité politique de l'année 2018 par le jury du Trombinoscope, regroupant un panel de journalistes, il n'a pu s'empêcher de régler un compte. C'était la troisième fois qu'il était célébré par ce cénacle. C'était un record qu'un autre, un seul, détenait également. Lors de la cérémonie de remise des prix, il a glissé : « J'ai cru comprendre qu'un petit assureur de province égalait un ancien chef de l'État. J'espère qu'il ne m'en voudra pas. »

« Je vous tutoierai quand je serai élu président »

Pendant des années, cela a été son premier geste de la journée. À 6 h 30 du matin, Gérald Darmanin prenait son téléphone et appelait Didier Droart. Du temps où il était député, cet infatigable militant gaulliste était le secrétaire de la circonscription dont il était élu. Quand il est devenu ministre, c'est lui qui l'a remplacé au poste de maire de Tourcoing. Désormais, à 6 h 30 du matin, Gérald Darmanin ne décroche plus son téléphone. Au début de l'année 2019, Didier Droart s'est éteint des suites d'un cancer. Le trentenaire l'a accompagné jusqu'au bout. Pour lui, cela a été une vraie meurtrissure.

À cette occasion, il s'est posé la question de démissionner du gouvernement afin de reprendre son fauteuil de maire. Le ministre de l'Action et des Comptes publics n'a pas aimé cet automne fait de déceptions et de désillusions. À Bercy, il a le sentiment d'avoir fait le tour de la question. Lors du dernier marathon budgétaire, de nombreux députés de la majorité l'ont ainsi trouvé moins investi. Maintenant que le prélèvement à la source a été mis en place sans encombre, cet enfant des années 1990, qui ne supporte pas de stagner, à qui il faut tout le temps un nouveau défi comme un os à ronger, ne va-t-il pas trouver le temps long ? N'est-ce pas le moment pour lui de rentrer ? Les élections municipales de mars 2020 approchent. Localement, on lui prête l'ambition de vouloir devenir président de la Métropole européenne de Lille (c'est le nom de la communauté urbaine), comme le fut longtemps Pierre Mauroy.

Au final, Gérald Darmanin est resté. « Il ne faut absolument pas qu'il parte », a plaidé auprès de l'Élysée Richard Ferrand, à qui le ministre de l'Action et des Comptes publics parle beaucoup. « Continue à construire ta relation avec les Français et ton apprentissage de l'État », lui a conseillé Xavier Bertrand. Édouard Philippe lui a demandé de ne pas le quitter. Emmanuel Macron, aussi, surtout. Au fond, le trentenaire trouve que, comme Nicolas Sarkozy, le président aime charmer ceux qui lui résistent un peu.

C'est le lot de tous les ministres : Gérald Darmanin n'est plus invité aux dîners de la majorité à l'Élysée. Sous cette forme, ils ont vécu. Le chef de l'État jugeait qu'il y avait trop d'indiscrétions à l'issue de chacun de ces rendez-vous. Seuls sont désormais conviés Édouard Philippe, François Bayrou,

Richard Ferrand et Philippe Grangeon, devenu son conseiller spécial. À la fin de l'année, Emmanuel Macron et le ministre de l'Action et des Comptes publics ont eu néanmoins l'occasion de vraiment échanger. Lors de l'itinérance présidentielle dans le Nord-Est, ce dernier est monté à plusieurs reprises dans la Vel Satis du chef de l'État, a partagé, à 1 heure du matin, un whisky avec lui. Dorénavant, il pense bien le cerner. « Dans son mode de fonctionnement, ce n'est pas Nicolas Sarkozy. Il est sans doute moins attaché à ses habitudes[1] », affirme Gérald Darmanin. Contrairement à beaucoup, il le considère également comme très politique, même s'ils ne le seront jamais tout à fait de la même manière. Durant la crise des gilets jaunes, l'ex-directeur de campagne de Nicolas Sarkozy n'a pas compris les choix de communication du locataire de l'Élysée. Il a estimé que celui-ci était trop présent quand il aurait dû faire du Pilhan (du nom de Jacques, le stratège de François Mitterrand puis de Jacques Chirac, qui préconisait la parole rare). Il a trouvé qu'il était trop absent quand il aurait dû être présent.

« À part le président, plus personne ne s'amuse », lâchera, dans cet hiver lugubre, Alexis Kohler.

1. Entretien avec l'auteur, le 7 février 2019.

C'est vrai. Si, avec sa bande, Gérald Darmanin rit encore pour des bêtises comme des enfants, ce n'est pas comme avant. L'usure du pouvoir, l'empiétement de celui-ci sur tout, les tracas des uns et des autres sont passés par là. Thierry Solère est concentré sur ses affaires : soupçonné de fraudes fiscales pour une histoire de faux prêts qu'il réfute, le député des Hauts-de-Seine dénonce un acharnement judiciaire. Sébastien Lecornu est concentré sur son travail : en octobre 2018, il a été promu ministre en charge des Collectivités territoriales ; au mois de janvier suivant, il est devenu la cheville ouvrière du Grand Débat et accompagne partout le chef de l'État. Édouard Philippe est concentré sur sa respiration. Avec la crise des gilets jaunes, il a connu l'enfer. Certains matins, il a eu bien du mal à se lever. Plus tard, il racontera ce que sa femme lui disait pour lui donner du cœur à l'ouvrage : « Tu pourrais être à la place de Theresa May ! » Tous l'ont soutenu du mieux qu'ils pouvaient. Le management d'Emmanuel Macron est sans pitié. Trois jours avant le début du mouvement, le Premier ministre était allé à 7 h 40 sur RTL annoncer quelques mesures pour tenter de prévenir la crise. La nuit avait été courte. Jusqu'à 1 h 15 du matin, il avait été dans le bureau du président afin de les arbitrer. Parmi celles-ci, il y avait l'élargissement du chèque énergie. Dix jours plus tard, dans un discours sur la transition énergétique retransmis à la télé, le chef de l'État déclarerait : « Le chèque énergie, les gens ne savent pas ce que c'est, et en réalité, concrètement, moi non plus. » Il y a de quoi avoir envie de se recoucher…

Entre Gérald Darmanin et Édouard Philippe, le remaniement d'octobre a également laissé quelques traces. Le premier a reproché au second de ne pas lui avoir dit directement qu'il ne pouvait le soutenir. Par la suite, une phrase du ministre de l'Action et des Comptes publics relevée dans un article du *Figaro*, consacré au destin de la bande du *Bellota, Bellota*[1], n'est pas passée inaperçue à Matignon. « On n'a pas partagé notre sang non plus », y avait confié Gérald Darmanin. Du côté du Premier ministre, on n'aurait pas formulé les choses d'une façon si abrupte. Et puis chacun sera bientôt face à des choix, les siens (les premières élections du quinquennat arrivent, notamment les municipales), ceux d'un président à la recherche de l'acte II de son mandat, synonyme de redistribution des cartes. Que deviendront

1. Marion Morgue, « Groupe Bellota, saison 2 : les macronistes de droite entre amitié et ambitions », *Le Figaro*, 14 novembre 2018.

ces ex-LR si Édouard Philippe quitte Matignon ? Régulièrement, alors qu'à l'Assemblée nationale la majorité ne cesse de se gauchiser, ils sont encore accusés d'avoir trop désaxé le quinquennat vers la droite. Gérald Darmanin trouve ce sempiternel procès injuste : « Si vous regardez bien, les postes les plus importants du gouvernement sont occupés par des personnalités venues de la gauche, de Jean-Yves Le Drian à Muriel Pénicaud, en passant par Florence Parly et Christophe Castaner… Si on peut avoir le sentiment d'un déséquilibre, c'est simplement parce que les ministres venus de la droite, pourtant minoritaires, sont médiatiquement plus présents[1]. »

C'était encore du temps de l'« ancien monde ». C'était du temps de la primaire. Gérald Darmanin était dans la loge de Nicolas Sarkozy, à l'occasion d'un débat télévisé face à ses six adversaires. Avec eux, il y avait François Baroin et Frédéric Péchenard. Au cours de leur conversation, le candidat comprend que son directeur de campagne vouvoie Xavier Bertrand et s'en étonne. « Je vouvoie tous mes patrons », se justifie l'élu du Nord. « C'est bizarre, comme habitude », commente François Baroin. « Et toi, tu ne vouvoyais pas Jacques Chirac ? », répond Gérald Darmanin. Le maire de Troyes le concède.

1. Entretien avec l'auteur, le 7 février 2019.

« Moi, j'ai toujours vouvoyé Jacques Chirac sauf le jour où je suis entré dans son bureau, en 2007, pour la passation des pouvoirs à l'Élysée, ajoute Nicolas Sarkozy. Je lui ai dit : "Maintenant, Jacques, on peut se tutoyer." » « Eh bien je ferai pareil. Je vous tutoierai quand je serai élu président », réplique le trentenaire. Était-ce là un aveu ? Ce dernier a-t-il la présidentielle en ligne de mire ? Il s'en défend. Au contraire, même. Régulièrement, il assure que bientôt, il en aura sans doute fini avec la politique. « Je n'ai pas changé d'avis. Je me poserai la question d'arrêter. "Au revoir et merci", comme disait Céline. J'espère ne pas faire la carrière habituelle des anciens ministres : être là sans être là, faire des matinales, essayer encore d'exister… On peut servir la France autrement. La seule question, c'est : "Est-ce que je resterai élu local ?" Je me donne comme horizon la fin du mandat du président[1] », soutient-il. Peut-être ira-t-il dans le privé. À Bercy, il a noué des contacts qu'il n'avait pas avant avec des patrons comme Martin Bouygues ou Xavier Huillard, le P-DG de Vinci. Peut-être ira-t-il ouvrir un bar à vins à Sienne, comme il se plaît à le répéter. Ce n'est pas très loin de Venise, où d'autres ont eu des tentations. Mais on n'en est pas là. Gérald Darmanin

1. Entretien avec l'auteur, le 7 février 2019.

le sait mieux que quiconque. La vie, surtout politique, est d'abord faite d'imprévus. Il y a encore de la place pour quelques aventures. S'il n'a plus envie de rester au Budget, d'autres ministères l'intéressent. Et puis, sera-t-il capable de résister à l'ambition de jouer un rôle de premier plan dans la présidentielle de 2022 et à de belles propositions qui lui seraient faites ensuite ? Entre Emmanuel Macron, Xavier Bertrand, Édouard Philippe et Nicolas Sarkozy, il est positionné à un carrefour stratégique.

Une fois, il m'a dit : « Avoir envie d'aller à Matignon, je peux comprendre. C'est un lieu de passage. D'ailleurs on dit "hôtel" Matignon, quand on dit "palais" de l'Élysée. » Dans un palais, on est prisonnier. Et pour le trentenaire, cela a quelque chose de rédhibitoire. Gérald Darmanin déteste la contrainte. Il supporte très mal d'avoir en permanence un officier de sécurité à ses côtés. Parfois, il lui donne congé, tout comme à son chauffeur, pour respirer et pouvoir rentrer en Uber au ministère. De la même manière, à part sa voiture, il ne possède rien. Le locataire de Bercy estime que la propriété pourrait à tout moment entraver sa liberté. Pour lui, le lien est un problème. Quand il déclare : « Ma façon de me protéger, c'est d'être détaché », c'est à prendre dans tous les sens du terme.

Gérald Darmanin n'est pas Nicolas Sarkozy. Il a plus de failles personnelles, de fragilités. Les deux plaintes dont il a fait l'objet ont été classées sans suite, mais elles l'ont beaucoup affecté. Dans sa tête, le trentenaire se répète qu'il n'est pas prêt à faire tous les sacrifices. Comme Jean-Louis Borloo, il aime compter la vie en nombre d'étés. Gérald Darmanin n'est pas Nicolas Sarkozy. Pourtant, certains ne peuvent s'empêcher de faire le parallèle et de lui imaginer un grand destin. « Il a le même culot, la même détermination, le même sens de l'opportunité que Nicolas Sarkozy », avance Jean-Christophe Cambadélis. À son sujet, l'ancien secrétaire du PS est très élogieux : « C'est une personnalité qui petit à petit s'affirme dans le champ politique français. C'est le seul à flot dans l'ensemble des ministres. Je crois qu'il va faire son chemin. » Gérald Darmanin n'est pas Nicolas Sarkozy. Et c'est normal, c'est un personnage en construction, il est encore *work in progress*. Il sait que les carrières politiques ne seront plus, comme par le passé, composées de trente à quarante années à se faufiler d'un mandat à l'autre, d'un portefeuille ministériel à un siège à l'Assemblée, mais d'allers et de retours. S'il a du mal à choisir entre être un solitaire ou chasser en bande, il a compris que les partis sont obsolètes et que les rassemblements dorénavant se feront à travers des causes. S'il a intégré qu'un homme politique doit être l'incarnation de quelque chose, être une marque en quelque sorte, il n'est pas encore identifié par les Français. Gérald Darmanin n'est pas Nicolas Sarkozy. Car il note tout, tout le temps, sur des cahiers chinois – il a abandonné les Moleskine. À la fin de l'année, ce passionné d'histoire conserve précieusement son agenda, demande à ses conseillers de lui remettre leurs principales notes et range dans un grand classeur petits mots présidentiels griffonnés, lettres reçues de personnalités et autres menus de dîners. L'ex-chef de l'État, qui a comme avantage d'être hypermnésique, a en horreur l'idée de Mémoires ou d'archives.

Gérald Darmanin n'est pas Nicolas Sarkozy. Mais ce dernier veille sur lui comme sur le lait sur le feu. L'ancien chef de l'État lui recommande de surtout demeurer au gouvernement : « Seuls les ministres peuvent exister dans l'opinion. » Régulièrement, il l'appelle : « Viens me voir, viens me voir. » Alors, si le rendez-vous est fixé au milieu de la semaine, Gérald Darmanin va à son bureau, rue de Miromesnil. Si c'est le dimanche, il passe à son domicile. Il apporte des fleurs blanches pour Carla et une boîte de chocolats pour lui.

« Il faut qu'il reste un mystère »

À trois kilomètres de Marrakech, au bord de la Palmeraie, Jnane Lekbir offre une totale discrétion et un confort absolu. C'est dans cette résidence que Nicolas Sarkozy a passé les vacances de Noël : le roi du Maroc la met à sa disposition depuis sa sortie de l'Élysée. Avec Carla, ils y ont maintenant leurs habitudes. Cela a été un séjour plutôt familial. La sœur de la chanteuse, la réalisatrice Valeria Bruni-Tedeschi, était là avec ses enfants. Pierre Giacometti s'y est arrêté. La célèbre photographe Bettina Rheims également.

Pour la France, cela a été une drôle de fin d'année 2018. Pour lui aussi. Le chaos connu par le pays a fait jaillir un qualificatif tenant en deux syllabes, dont il s'est retrouvé affublé. Si cela tournait mal, Nicolas Sarkozy pourrait être le recours. Celui qui sauverait la France de Marine Le Pen, de l'effondrement, de la guerre civile. Et puis, une fois le pic de fièvre retombé et les esprits retrouvés, il s'est produit quelque chose, comme si cette hypothèse avait elle-même sécreté son antidote. Nicolas Sarkozy, le recours ? Était-ce vraiment crédible ? Et lui, même si de Gaulle était revenu au pouvoir à 67 ans, l'âge qu'il aurait en 2022, souhaitait-il réellement jouer un tel rôle ? « La politique, c'est fini », ne cesse de répéter l'ex-chef de l'État à ses visiteurs, rue de Miromesnil. Il n'empêche : ils seront toujours nombreux à ressortir de son bureau et à croire qu'il aura toujours le virus de la conquête dans la peau.

L'ancien locataire de l'Élysée ne vit pas dans le passé. Il n'entretient pas la nostalgie, ni ne ressasse les regrets. Il n'a néanmoins pas oublié que son retour a été humiliant, qu'il n'est même pas parvenu à se qualifier pour le second tour de la primaire. À l'époque, durant les débats, il n'avait pas caché à son équipe être un peu dépité par la façon dont cela se passait : « Je ne comprends plus cette vie politique. On vous interroge sur le déficit, vous avez une minute pour répondre et après une lumière rouge clignote. Ce n'est pas ma façon de faire. Tu as le même temps de parole que Jean-Frédéric Poisson[1]. Franchement, on est chez les fous ! C'est devenu un spectacle ! » Quand on lui avait indiqué que le réalisateur de la confrontation organisée par TF1 serait le même que celui de *The*

1. Président du PCD, l'ancien député des Yvelines avait obtenu 1,5 % à la primaire.

Voice, Tristan Carné, il avait soupiré : « Voilà à quoi on en est réduit ! *The Voice* ! »

Désormais, il est loin de ces contingences, à une place bien plus gratifiante : il est une référence. Pourquoi renoncer à ce confort-là ? Bien sûr, il y aura sans doute éternellement cette coquetterie dans sa tête. Ah, s'il le voulait… Mais tout cela est-il réaliste ? « Il faudrait un chaos généralisé pour qu'il revienne. Et même dans ces conditions… » glisse l'ancien maire de Grenoble Alain Carignon, qui l'a longtemps accompagné. « Nicolas Sarkozy sait au fond de lui qu'il ne reviendra pas. Mais il faut qu'il reste un mystère », confie Brice Hortefeux, qui est sans doute celui qui le connaît le mieux.

En matière d'ex, le député européen a une certaine expérience. Il a beaucoup côtoyé en Auvergne Valéry Giscard d'Estaing. Il n'a jamais oublié ce que celui-ci lui avait dit, en 2006, au plus fort de la guerre entre Nicolas Sarkozy et Dominique de Villepin : « Cette situation est intéressante. J'aurais aimé la vivre. » L'ancien maire de Neuilly continue à trouver lui aussi que « cette situation est intéressante ». Même s'il n'échafaude plus aucun plan au quotidien, il veut toujours tout savoir, tout surveiller. « Il a la passion de la politique plus grande que l'ensemble de la classe politique réunie », sourit son ami François Baroin. Évidemment, c'est d'abord Emmanuel Macron qu'il se plaît à observer. Cela demeure les clés de son personnage qu'il tente de percer. Ainsi il a reçu en tête à tête Philippe Bas, le président de la commission d'enquête Benalla au Sénat, afin de mieux comprendre les dessous d'une affaire si ravageuse pour le chef de l'État. Voilà pour la part d'ombre. Côté lumière, Nicolas Sarkozy est touché qu'Emmanuel Macron lui demande des nouvelles de sa fille chaque fois qu'il le voit. Il croit déceler en lui un sentimental. D'ailleurs, Édouard Philippe trouve même que l'actuel locataire de l'Élysée fonctionne encore plus à l'affectif que lui – ce qui n'est pas peu dire.

En public, l'ex-président prend toujours grand soin de ne jamais critiquer l'actuel. En privé, il peut être beaucoup moins clément. « Macron, il est meilleur que moi… même pour faire des conneries », a-t-il susurré à un ancien conseiller. Aller à l'Élysée, même s'il n'en est plus le locataire, ne lui pose aucune difficulté. Au début de l'année 2019, il y est encore retourné à l'occasion de la remise de la Légion d'honneur à la réalisatrice Danièle Thompson, une amie commune. Ce jour-là, il n'a pas eu d'aparté avec le maître des lieux, mais il ne faut en tirer aucune conclusion. Bien au contraire. Au pouvoir, Emmanuel Macron a fini par se constituer une sorte de conseil d'anciens. Il y a ceux avec qui il est en contact quotidien et qui ont le plus d'influence : Richard Ferrand, François Bayrou, Philippe Grangeon. C'est ainsi que, poussé par ces deux derniers, il a acté l'organisation du Grand Débat pour calmer la crise des gilets jaunes contre l'avis de tout son cabinet. Un peu plus loin, il y a Jean-Marc Borello, rouage essentiel au sein de La République en marche, et Dany Cohn-Bendit. Encore plus loin, il y a Nicolas Sarkozy.

Rien n'est gratuit. Derrière le sentiment gratifiant d'avoir affaire à un égal, derrière leurs points communs évidents, cela leur est mutuellement utile. Pour Emmanuel Macron, traiter ainsi cet ex-chef de l'État, c'est envoyer un signal à la droite, où il estime que se trouve sa réserve électorale. L'ancien leader des Républicains, lui, se laisse faire. En quoi cela pourrait-il le desservir ? Cela polit un peu plus la statue du Commandeur, consensuelle, paternelle, qu'il lui importe d'abord de se sculpter aujourd'hui – c'est si bon d'être aimé ! Et puis il voit bien ce qui se passe. Petit à petit, sa famille d'origine disparaît du paysage ; un nouveau clivage se met inéluctablement en place entre d'un côté partis de gouvernement et de l'autre partis populistes ; dans cette situation, le quadragénaire de l'Élysée occupe chaque jour un peu plus l'arc central… « Face à Laurent Wauquiez, Nicolas Sarkozy soutiendra Emmanuel Macron en 2022 », veut même croire Sébastien Lecornu.

Tout cela, c'est aussi un moyen d'éclipser ce qui l'attend et qui est moins valorisant. Même s'il a multiplié les procédures, l'ex-président ne pourra pas échapper à au moins deux procès[1]. Jérôme Cahuzac, Claude Guéant, son ancien secrétaire général à l'Élysée… Nicolas Sarkozy, comme l'ensemble des élus, n'a pas manqué d'observer que la justice a, avec le monde politique, la main lourde comme elle ne l'a jamais eu par le passé. Déjà, il a symboliquement ressenti qu'elle s'était encore un peu plus rapprochée. Michel Gaudin, son directeur de cabinet rue de Miromesnil, ex-patron de la Police nationale, a été définitivement condamné dans l'affaire des primes en liquide du ministère

1. Le procès en correctionnelle pour « corruption » et « trafic d'influence » dans l'affaire dite « Paul Bismuth » sera le premier. Le second portera sur l'affaire des comptes de campagne de la présidentielle de 2012, dite « affaire Bygmalion ».

de l'Intérieur. Il l'a vu très affecté. Et lui, que lui arrivera-t-il ?

De partout viennent les signes de la fin d'une époque. Alain Juppé a été nommé au Conseil constitutionnel et a quitté définitivement la politique active. Après s'être fait la guerre durant trente ans, on n'allait pas se quitter comme ça. L'ex-chef de l'État lui a envoyé un mot de sympathie. Johnny Hallyday n'est plus. Pour lui, cela n'avait pas été rien d'être ami avec l'artiste. Il l'avait rencontré au début de sa carrière grâce aux Balkany. Maire de Neuilly, il était devenu très proche de lui. Cela avait duré des années, jusqu'à ce qu'il soit à l'Élysée. Là, leur relation s'était compliquée à cause des affaires fiscales du chanteur. Quand il est allé une dernière fois saluer sa dépouille à Marnes-la-Coquette, un souvenir précis lui est remonté. En 2008, lorsque Carlos était décédé, le président d'alors était venu, à la demande de son épouse, se recueillir devant son corps. Johnny était là également. Mais au moment d'entrer dans la pièce où Carlos reposait, ce héros français avait refusé. La mort lui faisait peur.

À la mi-janvier 2019, Nicolas Sarkozy a participé au déjeuner de l'Académie des beaux-arts, organisé par Xavier Darcos, son ancien ministre de l'Éducation nationale, et le compositeur Laurent Petitgirard. Il est devenu très friand de rencontres culturelles. Le mois précédent, l'invitée de ces agapes avait été Nicole Belloubet, la ministre de la Justice. Lorsqu'il l'avait croisée la première fois lors d'une cérémonie officielle, l'ex-chef de l'État avait trouvé que la garde des Sceaux avait de « grandes dents ».

Autour de lui, ce midi-là, il y a le réalisateur Jacques Perrin, le photographe Yann Arthus-Bertrand, Hugues Gall, longtemps directeur de l'Opéra de Paris… L'ancien président est dans une forme olympique. Il fait forte impression à son auditoire. Il a une curiosité pour tout, un avis sur tout. L'Académie française n'arrive plus à pourvoir certains sièges ? Lui sait ce qu'il faut faire. Il plaide pour que Florian Zeller et Yasmina Reza y entrent. L'heure tourne. La journée est loin d'être finie. Il doit filer vers un autre rendez-vous dans un agenda qui déborde de partout. Face au temps qui passe, Nicolas Sarkozy n'est pas du genre à oublier de vivre.

Sur le trottoir, il s'engouffre dans sa voiture. Avant de claquer la portière et que le chauffeur ne démarre en trombe, il a jeté une dernière phrase, comme on jette, nonchalamment, un mégot de cigarette : « J'ai 20 ans. Je suis en pleine bourre. »

« Il est quand même très mitterrandien »

Lui aussi aura toujours des fourmis dans les jambes. Le quinquennat approche désormais de son « hémistiche », comme le dit le chef de l'État, dans une formule qui amuse tant ses ministres. Gérald Darmanin est encore à Bercy, où il a pu peaufiner son troisième budget. Au lendemain des élections européennes de mai 2019, il n'y a pas eu de remaniement.

Cela n'a pas empêché le ministre des Comptes publics d'avancer ses pions. Dix jours après le premier scrutin du mandat macroniste, il a accordé, au *Point*, une interview qui n'est pas passée inaperçue. « On ne gagne pas l'élection présidentielle sans le peuple », y a-t-il mis en garde, s'alarmant de la composition de l'électorat de La République en marche : « Les gagnants de la mondialisation vivant dans les métropoles, associés aux retraités attachés aux institutions »[1]. En privé,

1. Interview de Gérald Darmanin : « Il faut que nous parlions plus au peuple », *Le Point*, 6 juin 2019.

il formule ce constat encore plus franchement : « Bourgeoisie de droite et de gauche sont autour de la table et votent Macron. Elles se sont retrouvées. Mais l'électorat populaire ne vote toujours pas pour nous. On ne peut pas être le parti des bourgeois et des plus de 65 ans. On ne peut pas gouverner un pays sans le soutien d'une classe sociale. »

Ce péril bourge qu'il voit se profiler n'est pas sans réveiller chez lui un mauvais souvenir : son expérience de la primaire de la droite. Sa famille d'alors exultait. Quatre millions d'électeurs s'étaient bousculés pour départager François Fillon, Alain Juppé et Nicolas Sarkozy. Que cela sentait bon pour la suite ! S'il n'avait pas nié le succès remporté en termes de participation par cette élection, Gérald Darmanin n'avait vu en ceux qui s'étaient déplacés que des notables de province, des riches des beaux quartiers de l'Ouest parisien. À Tourcoing, les bureaux de vote n'étaient-ils pas eux restés vides ? Pour lui, c'était clair : les classes populaires ne s'étaient pas senties concernées par cette compétition. Que cela sentait mauvais pour la suite ! Le jeune gaulliste l'avait dit d'ailleurs, sans ambiguïté, dans *Le Monde* : « Si le candidat de droite ne parle qu'aux milieux favorisés, son socle électoral sera très réduit et le FN récoltera les votes des plus modestes. »[1] L'avertissement avait déplu à François Fillon. Un soir, peu de temps après, l'élu du Nord fêtait l'anniversaire de sa compagne, installé à une table parisienne réputée. Tout à coup, l'ancien Premier ministre était sorti des cuisines, où, comble du chic, il avait soupé avec son épouse et un couple d'amis. « Je vois que le champion des classes populaires dîne dans les restaurants étoilés », avait-il ironisé, venu saluer son cadet. Ce dernier avait trouvé la remarque déplacée devant sa fiancée. Au printemps, l'issue finale montrerait qu'il n'avait pas eu totalement tort (seuls 6 % des ouvriers et 12 % des employés voteraient pour le candidat LR), même si on ne saurait plus très bien à quoi attribuer au juste la chute fatale, tant la campagne filloniste connaîtrait des développements rocambolesques.

Cette fois encore, le jeune ministre ressent pareil décalage. Après avoir frôlé la mort lors de la crise des Gilets jaunes, la macronie est sortie plus que vivante des européennes. Même si elle n'est, avec 22,4 % des voix, qu'en deuxième position, moins d'un point seulement la sépare du

---

1. Interview de Gérald Darmanin : « La droite française n'intéresse plus les classes populaires », *Le Monde*, 2 décembre 2016.

Rassemblement national, arrivé en tête. Les Républicains sont, eux, à ramasser à la petite cuillère avec 8,5 % des suffrages. Laurent Wauquiez a même dû rendre son tablier. Qui aurait imaginé un bilan si souriant ? Pourtant, Gérald Darmanin, lui, ne voit rien de rassurant dans ce résultat, mais plutôt des signes préoccupants alimentant son sombre pressentiment : en 2022, Marine Le Pen peut très bien gagner la présidentielle. Encore une fois, la sociologie du vote l'a montré : le fossé entre le peuple et les élites ne fait que se creuser. « Les gens nous détestent », perçoit-il. Sur la forme, sur le fond, la radicalité ne cesse d'enfler. Au mois de septembre, il vivra un épisode qui en sera une nouvelle illustration. Le locataire de Bercy se rend à une fête agricole, non loin de chez lui. Quelques semaines après l'adoption du CETA, il se fait tomber dessus. « Il ne faut surtout plus ratifier le moindre traité de libre-échange », lui lancent tous les agriculteurs qu'il croise. « Quand j'ai été élu député, ils étaient très pro européens. Ils me disaient qu'il fallait se battre contre l'instauration de sanctions contre la Russie, racontera-t-il plus tard. Désormais, la mondialisation est devenue contestable par principe. Par nature, c'est devenu "non" car "sinon, on va se faire bouffer". Que les agriculteurs ne veulent plus exporter, c'est devenu inquiétant ! »

Pour lui, il est donc grand temps de tirer le signal d'alarme. Cette majorité ne voit pas qu'elle va se faire décimer, il va la dessiller. Elle est coupée des réalités, il va les lui rappeler. Il sera celui qui lui fera entendre la voix des classes populaires. D'une pierre deux coups. Par là, Gérald Darmanin compte bien être aussi celui qui murmure à l'oreille de la France d'en bas. « Dix ans après, tout le monde parle toujours des heures défiscalisées de Nicolas Sarkozy. Nous on le fait, personne n'en parle ! », s'agace-t-il. C'est décidé : puisque nul dans son camp, excepté François Bayrou et Richard Ferrand, ne se résout à faire de politique, lui va en faire. Cela vaut également pour l'exécutif. « Il faut plus de politiques au gouvernement. Il y avait une majeure société civile et une mineure politique. Maintenant, il faut l'inverse », recommande-t-il.

En agissant ainsi, le jeune ambitieux a également à l'esprit les municipales de mars prochain. Et, pour le moment, il en est sûr et certain, cela ne s'annonce pas bien pour le camp présidentiel. Quand il est venu à l'université d'été de l'UDI, le 6 septembre, il a glissé à l'oreille de Jean-Christophe Lagarde, le patron de la formation centriste : « Ils vont se prendre une grosse raclée car ils ne font pas de politique. » L'amateurisme des dirigeants de La République en marche en vue de cette échéance chez lui, dans le Nord, l'agace au plus haut point. Lors d'un dîner de la majorité à l'Élysée, il a dû remettre les pendules à l'heure. Pourquoi, alors qu'il est le seul ministre des Hauts-de-France, n'est-il associé à rien (« J'ai gagné toutes les élections depuis dix ans ! ») ? Pourquoi, alors que la partie sera si difficile face à Martine Aubry, ne lui demande-t-on pas son avis au sujet de la situation lilloise (« La clé, c'est d'aller chercher l'électorat catholique ! ») ? Pourquoi cherche-t-on des poux dans la tête du maire de Dunkerque, alors que cet ex-socialiste est de si bonne composition avec les macronistes (« Monsieur le Président, c'est quand même incroyable que cela soit moi qui doive défendre les maires de gauche ! ») ?...

S'il se mêle autant des municipales, c'est également qu'elles le concerneront au premier chef : à Tourcoing, il se prépare à être tête de liste[1] et montrer ce dont il est capable. Dans le scénario qu'il a élaboré, ce sera même une étape essentielle. Les

1. Il a en revanche renoncé à se lancer à la conquête de la Métropole européenne de Lille. « J'y serais allé si l'élection avait été au suffrage direct », m'a-t-il expliqué. Cette réforme du mode de scrutin, un temps envisagée par Emmanuel Macron, a été finalement abandonnée.

villes gagnées par des ministres se gagneront sur les doigts d'une main. Alors que ces élections seront le vrai *mid term* du quinquennat et que le président procédera, dans la foulée, à des choix déterminants dans la perspective de sa campagne de 2022, comment, s'il triomphe, ne prendrait-il pas du galon ?

En la matière, Gérald Darmanin a souvent su faire par le passé. Mais, avec ce président-là, il se heurte à une difficulté. L'épisode de la succession de Gérard Collomb, place Beauvau, est resté une petite vexation. Il a essayé la séduction. Cela n'a pas marché. Il a tenté le rapport de force. Cela a échoué. En politique, où il est depuis si peu de temps, Emmanuel Macron est un voyageur sans bagage. Gérald Darmanin est face à une valise sans poignée. Si Nicolas Sarkozy est un livre ouvert, l'actuel locataire de l'Élysée est un livre fermé à double tour, trouve-t-il. Si quand vous entrez dans le bureau du premier et que vous commencez à parler, au bout de 45 secondes, celui-ci vous interrompt et monopolise la parole, le second, dans la même situation, vous regarde, prend des notes et vous remercie à la fin. Du coup, cela oblige à interpréter un peu ! « Il est quand même très mitterrandien », conclut, devant un proche, l'élu des Hauts-de-France.

Malgré tout, celui-ci a acquis une conviction. Parmi ses troupes, Emmanuel Macron estime, d'abord, ceux qui savent se jeter à l'eau. On ne se refait pas ; c'est un ex-banquier d'affaires. « Il n'aime guère ceux qui placent toutes leurs économies sur leur livret A », rigole le ministre du Budget. Quand la réforme de l'impôt à la source a été remise en cause, le chef de l'État ne lui a-t-il pas dit : « Vous prenez votre risque » ? Désormais, la formule est devenue une antienne galvaudée en macronie, mais il n'en reste pas moins que Gérald Darmanin la croit toujours juste.

À côté, au fur et à mesure que le scrutin printanier se rapproche, il a développé une intuition retirée de leurs entretiens réguliers : la crise des gilets jaunes, l'exercice de grands débats auquel il s'est plié par la suite a fait prendre conscience à Emmanuel Macron que quelque chose de profond ne fonctionnait pas dans son système ; il est tenté par un big bang. À sa façon, c'est aussi ce que l'ex-sarkozyste lui a fait ressentir lors d'un de leurs échanges : « Il ne faudrait pas qu'il soit celui qui donne les clés à Marine Le Pen. » Lui a diagnostiqué trois problèmes dans la matrice présidentielle. Le premier est régalien : la faiblesse de Christophe Castaner et de Nicole Belloubet oblige le chef de l'État à monter désormais, trop souvent, en première ligne. Le deuxième est écologique : l'exécutif n'est pas crédible sur le sujet et souffre d'un problème d'incarnation. Le ministre des Comptes publics a donc suggéré une mesure révolutionnaire : mettre un écologiste à Bercy. Il a résumé son idée ainsi : « Le président doit trouver sa Christine Lagarde verte. » Le dernier problème est social : la politique menée est vue d'abord comme une accumulation de privilèges pour les plus aisés.

Bien sûr, Gérald Darmanin a parlé à Édouard Philippe de cette tentation du *reset* qu'il décèle chez Emmanuel Macron. Son ami, qui entend bien rester à Matignon, où il s'épanouit tant, devrait davantage se méfier, selon lui : il le trouve un peu trop certain que le président ne le congédiera pas. Le ministre des Comptes publics voit même celui qui pourrait le remplacer : Alexis Kohler. En propulsant Premier ministre son secrétaire général à l'Élysée, le chef de l'État prendrait ainsi les rênes en direct. C'est également pour cela qu'il pousse, en cet automne et ce début d'hiver 2020, le Premier ministre à être candidat en mars, chez lui, au Havre. « S'il y va, il montrera qu'il est un vrai politique et pas un techno. S'il gagne, il est invirable », assure-t-il.

Pour sa part, c'est exactement le calcul auquel il se livre.

À Tourcoing, la prise de risque apparaît de plus limitée. Face à lui, le paysage est dévasté. Il ne reste plus rien de la gauche. Quand, avant qu'il ne soit maire, il était à l'UMP, « le PS comptabilisait 1 200 cartes, et nous, on était 300, raconte-t-il. Maintenant les socialistes sont 20 ! » À droite, il est toujours chez lui. « À Tourcoing, il fait comme s'il était encore LR. À la braderie, il s'assoit au stand LR », s'amuse Marc-Philippe Daubresse. Gérald Darmanin règne minutieusement sur sa ville. Depuis 2014, quelles que soient les fonctions qu'il a occupées à Paris, il n'a jamais cessé de l'arpenter. « Moi, j'ai appris que la meilleure des campagnes est celle qu'on fait tout le temps », philosophe-t-il. Tous les samedis matin, avant d'aller faire son marché, il a pris son café dans la même brasserie. Ainsi ses administrés savaient où le trouver – c'est Xavier Bertrand qui lui avait soufflé le truc. Lui en a imaginé un autre : il n'a jamais hésité à leur donner son numéro de portable. « Si tu leur dis d'écrire à la mairie, ils ne le feront pas », se justifie-t-il. Chaque demande est traitée en un temps record. Et puis, il s'est finalement décidé à se lancer dans la propriété. Il vient d'acheter une grande maison près de la gare. Il s'en félicite tous les jours. Il trouve que cela a rassuré les Tourquennois, qui le soupçonnaient d'avoir la bougeotte.

« Mon boulanger comprend ensauvagement »

« Sarkozy, l'homme de l'été. » Le 26 juillet 2002, *Le Parisien* mettait à sa Une le suractivisme du ministre de l'Intérieur d'alors, trois mois à peine après sa prise de fonction. Pourtant, bizarrement, le principal intéressé n'avait pas du tout digéré ce titre. Comment pouvait-on le réduire à une saison ? C'était l'homme de la décennie – au minimum – qu'il entendait bien être.

Dix-huit ans plus tard, son disciple aurait pu se voir qualifié ainsi. Le 6 juillet 2020, Gérald Darmanin est devenu le premier flic de France. Durant les sept semaines suivantes, il effectuera plus de trente déplacements, malgré ses quelques jours de repos estivaux dans le Lot-et-Garonne, en compagnie de Thierry Solère. Il tweetera sa condamnation du moindre fait divers. Saluera à toutes les occasions possibles le travail des forces de l'ordre. Darmanin, l'homme de l'été ? Si ce coup de projecteur était venu, ce dernier ne l'aurait pas mal pris ; il y aurait vu une première reconnaissance.

Continuer à mettre ses pas dans ceux de son mentor et parvenir place Beauvau n'aura pas été pour le jeune ambitieux une simple péripétie. Le 15 mars, comme il l'espérait, il est réélu, dès le premier tour des élections municipales, à Tourcoing[1]. Le score est sans appel : 60,89 % des suffrages. Dans la majorité, comme il l'avait calculé, il est le seul à pouvoir fanfaronner. Mais son succès, de même que le reste des résultats, qu'ils soient bons ou mauvais, est à peine commenté. La France s'apprête à être confinée. En cette fin d'hiver 2020, un virus venu de Chine est en train de mettre la planète à l'arrêt. À l'instar de la quasi-totalité des autres Européens, les Français vont être invités à ne plus sortir de chez eux. Le ministre de l'Action et des Comptes publics retrouvera, lui, un Bercy quasi désert.

De ce côté-ci de la Seine, son colocataire brille désormais de toute sa lumière. La crise sanitaire provoque un collapse économique. Bruno Le Maire est en première ligne. On ne voit plus que lui, présentant toutes les mesures spectaculaires décidées par le gouvernement. En cela, l'ex-

1. Élu au poste de maire le 23 mai, il en démissionnera le 13 septembre pour ne plus le cumuler, comme le veut l'usage (et non la loi) avec son portefeuille ministériel.

périence de son directeur de cabinet, Emmanuel Moulin, qui avait géré le krach de 2008 au sein de l'équipe sarkozyste, est pour lui un atout précieux. Celui qui tient les cordons de la bourse passe en revanche au second plan. Puisque le président a décrété que, pour éviter le pire, tout serait entrepris « quoi qu'il en coûte », quelle règle d'équilibre budgétaire a-t-elle encore de l'importance ? Gérald Darmanin a lui-même vite intégré cette donnée. Durant ces premières nuits au temps suspendu, il s'était plongé dans un livre dense sur l'histoire des crises économiques françaises. Il l'avait vite abandonné ; l'essai ne lui aérait pas suffisamment l'esprit déjà encombré par tous ces déficits de plus en plus abyssaux qu'il faudrait pourtant bien un jour rembourser. À la place, il avait opté pour *Lucien Leuwen*. Il n'avait gardé qu'un vague souvenir du deuxième roman de Stendhal depuis sa jeunesse.

À la mi-avril, Emmanuel Macron a procédé à une annonce importante : le 11 mai viendra le déconfinement. Comme tous les Français, l'élu des Hauts-de-France a coché la date sur son calendrier. Il a tout de suite vu les conséquences : c'est là que va s'ouvrir la séquence politique décisive qu'il attend tant, elle s'achèvera au plus tard le 14 juillet, il y aura eu un remaniement à la clé. À Bercy, un étage au-dessus de sa tête, Bruno Le Maire est déjà entré depuis quelques semaines en campagne pour Matignon. Mais le ministre des Finances est parti trop tôt, trop ouvertement – « Il laisse de grosses traces de doigts sur le verre », rigole l'ami Solère – et cela ne prend pas vraiment. Régulièrement, le nom de Jean-Yves Le Drian revient comme possible successeur d'Édouard Philippe. Gérald Darmanin ne croit pas à cette hypothèse. Le ministre des Affaires étrangères, avec qui il partage un whisky presque chaque mois, lui a toujours répété n'être pas intéressé par le poste et avoir promis à sa femme de passer plus de temps avec elle. Et puis l'ex-LR demeure convaincu qu'il est bien plus utile électoralement pour le chef de l'État d'avoir un Premier ministre venant de la droite, quitte à lui faire prendre quelques mesures de gauche, plutôt que l'inverse. Cela ne plaide-t-il pas alors pour le maintien d'Édouard Philippe ? Dans la majorité, le chef du gouvernement est chaque jour un peu plus fort. Tandis que le président se révèle brouillon dans sa gestion de crise, cherchant le bon registre de communication, le locataire de Matignon impressionne. Dans les sondages, entre eux, la différence commence à se voir.

Le 23 mai, il est à peine onze heures du matin. Charles Hufnagel, le conseiller en communication d'Édouard Philippe, reçoit déjà une interview d'un membre du gouvernement pour relecture avant parution, comme le veut la règle. On est pourtant largement dans les temps. *Le Journal du dimanche*, qui la mettra à la Une le lendemain, ne bouclera que dans la nuit. Mais Gérald Darmanin désire être complètement transparent. À son tour, il a décidé d'entrer dans la danse et, avec cet entretien, d'abattre ses cartes sur la table, comme dans une partie de poker. « Je veux peser davantage » : la formule ne souffre pas de circonvolution, elle servira de titre. Réaffirmant sa ligne (« On ne peut rien faire sans le peuple »), il se met à la disposition d'Emmanuel Macron (« Je ferai ce que le président me dira de faire ») et lui donne des gages en soulignant qu'il a effectué des « choix politiques nationaux différents » de Xavier Bertrand, qui proclame de plus en plus son ambition présidentielle et adopte un ton chaque jour davantage rugueux vis-à-vis de l'exécutif.

Avec cette offensive, plus qu'un poste précis, le maire de Tourcoing vise d'abord un statut, celui de poids lourd au sein du système macroniste. À Matignon, on n'en prend nul ombrage. Édouard Philippe estime normal que son camarade cherche une promotion, c'est la règle du jeu, mais il ne croit pas qu'il puisse atterrir à sa place. À l'Élysée, on n'est pas pris par surprise. Le 14 mai, le locataire de Bercy a eu un tête-à-tête avec le chef de l'État. Trois jours plus tard, il a fait l'aller et retour en hélicoptère avec lui à l'occasion de l'hommage présidentiel au général de Gaulle, dans l'Aisne, à Montcornet. Cela a été deux occasions de se parler très franchement.

Le 28 juin, le second tour des élections municipales est un naufrage pour la majorité présidentielle. En son sein, les grandes manœuvres n'en commencent que de plus belle. Emmanuel Macron n'a pas la main qui tremble. Comme il en était tenté, il va bel et bien tout changer. À Matignon, Édouard Philippe, en dépit de sa belle victoire au Havre, doit faire ses cartons. Le président a choisi Jean Castex pour le remplacer. Gérald Darmanin n'est pas vraiment surpris. Depuis quelques semaines, alors que ce quinquagénaire haut fonctionnaire apparaissait peu dans la liste des potentiels Premiers ministres (et que la piste Kohler semblait abandonnée), il pariait sur lui. Il l'avait dit à Édouard Philippe et à sa garde rapprochée. Si comme à son habitude, le juppéiste était demeuré mutique, son directeur de cabinet, Benoît Ribadeau-Dumas, avait levé les yeux au ciel. Le jour de la passation de pouvoir, ce dernier sera beau joueur. « Toi, t'es vraiment pas con », glissera-t-il à celui qui avait vu juste.

Ce choix du président fait plutôt les affaires du ministre des Comptes publics, qui désire absolument quitter son portefeuille. Il connaît bien l'heureux promu. Ils ont le même pedigree. Comme lui, Jean Castex se définit comme un gaulliste social. Tous les deux sont des maires, viennent de LR, sont proches de Nicolas Sarkozy (Darmanin l'est beaucoup plus que Castex). Surtout, ils ont fait leurs armes avec Xavier Bertrand. Cela lui avait d'ailleurs été fort utile alors qu'il n'avait pas encore trente ans. En 2012, quand le directeur de cabinet de François Fillon s'opposait à ce qu'il devienne directeur de cabinet de David Douillet, le dernier ministre des Sports du quinquennat sarkozyste, Jean Castex, à l'époque secrétaire général adjoint de l'Élysée, avait convaincu Jean-Paul Faugère d'accepter. Depuis, désormais en haut de l'affiche, Gérald Darmanin n'avait pas manqué d'inviter à dîner à Bercy celui qui lui avait rendu service. Quand le nouveau Premier ministre le reçoit, le dimanche 5 juillet, dans l'après-midi, pour discuter de la formation de son équipe, il sait donc qu'il a face à lui un allié.

« Tu feras partie des deux personnes dont je suis le proche. » Dans son bureau, le successeur d'Édouard Philippe ne lui dit pas que l'autre est Roselyne Bachelot, la future ministre de la Culture.

Il n'empêche : il affirme avoir une telle confiance en son cadet qu'il veut lui confier le ministère du Travail et des Affaires sociales. À côté de l'écologie et du régalien, ce sera la troisième grande priorité sur sa feuille de route. Avec sa fibre populaire, le maire de Tourcoing n'a-t-il pas tous les atouts pour être un nouveau Borloo ? Avec son savoir-faire, n'est-il pas le mieux placé pour rétablir le contact avec les partenaires sociaux, fâchés par la réforme – demeurée en plan – des retraites ? « Ce n'est pas ma première volonté, mais j'accepte », lui répond Gérald Darmanin.

Celui-ci est un fin lettré. Il a soigneusement réfléchi à la syntaxe de sa phrase. « Ce n'est pas ma première volonté… » Il a en effet une autre envie : l'Intérieur. C'est cette place qui lui fait vraiment briller les yeux, quand le moment de vérité arrive. Il a tellement réfléchi à ce qu'il ferait à Beauvau. Pour autant, il est hors de question pour lui de le formuler. « J'ai mon orgueil. On m'a dit *non* une fois. Je ne vais pas le redemander », confiait-il en janvier. « … Mais j'accepte. » À 37 ans, il ne se voit cependant pas repousser l'offre du Premier ministre. Même si un grand groupe privé vient de lui faire une très belle proposition, il considère qu'il lui est difficile de refuser de servir son pays. Et puis, ce poste a été occupé par un des hommes qu'il admire le plus, Philippe Séguin. Il formule néanmoins une requête au nouveau chef du gouvernement : au-delà de son portefeuille, il aimerait avoir un entretien approfondi avec le président de la République afin de parler de politique. Jean Castex n'est pas pris par surprise par sa réaction. Il a parfaitement décrypté ce que son interlocuteur a voulu lui signifier. Dès sa nomination à Matignon, des amis communs lui ont fait passer le message. Ils vont jusqu'à prétendre que si l'intéressé n'obtient pas le ministère de l'Intérieur, il pourrait partir et se replier sur sa mairie.

Quand, en fin de journée, le chef du gouvernement retrouve Emmanuel Macron, il lui fait part de son entrevue avec Gérald Darmanin. Pour la place Beauvau, le chef de l'État n'a plus le droit à l'erreur. Christophe Castaner s'en est révélé une belle. À aucun moment, il n'a réussi à incarner la fonction. Les dernières semaines de son bail, il est même parvenu à se mettre à dos tous les syndicats de policiers. Mais si la question régalienne est en train de devenir un point très préoccupant pour l'exécutif, ce n'est pas de son seul fait. Le président porte une lourde responsabilité personnelle. Jamais il n'a prononcé le grand discours sur l'autorité promis tant de fois par l'Élysée. Résultat, il est soupçonné de mollesse et, dans la perspective de 2022, cela pourrait avoir de très lourdes conséquences. L'électorat de droite a l'épiderme sensible dès que l'ordre est en jeu ; et s'il lâchait Emmanuel Macron ?

Depuis ces derniers jours, le chef de l'État croit avoir trouvé l'homme idoine pour rattraper cette faute. Il penche pour Jean-Michel Blanquer. Il en a déjà parlé avec lui. Mais, alors que l'horloge tourne, l'hypothèse vient de prendre du plomb dans l'aile. Quand il l'a évoquée avec Richard Ferrand, le président de l'Assemblée nationale s'est emporté : la ligne radicale du ministre de l'Éducation sur la laïcité poserait de très lourds problèmes dans la majorité. Alors Gérald Darmanin ? Dans son entourage, deux hommes y sont favorables. Le premier est Alexis Kohler. Le secrétaire général du Palais partage beaucoup des analyses du maire de Tourcoing sur l'islam. De nombreuses réunions interministérielles se sont déjà tenues à l'Élysée depuis quasiment deux ans pour préparer une réforme des Cultes, qui au fil du temps est devenue une loi sur le séparatisme. Le ministre des Comptes publics y défendait les positions les plus dures. L'autre est Nicolas Revel, qui vient d'être nommé directeur de cabinet de Jean Castex. C'est un homme de confiance de la macronie. Il pense beaucoup de bien de Gérald Darmanin. À Bercy, le second a invité à déjeuner presque tous les trimestres celui qui était auparavant directeur de la caisse nationale d'assurance maladie. Ensemble, ils n'ont pas parlé que de chiffres. Au sommet du pouvoir est aussi remontée la petite musique jouée par certains syndicats de policiers : « Darmanin, voilà un ministre avec lequel on pourrait s'entendre. » De partout, cela s'agite. Dimanche, en fin d'après-midi, Jean-Michel Blanquer reçoit un coup de fil de son ami François Baroin : « Si tu veux l'Intérieur, il faut que tu te battes. Darmanin se mobilise beaucoup. » À 23 heures, le ministre des Comptes publics est en train de vider son bureau, quand il reçoit lui un appel du secrétariat d'Emmanuel Macron. Il est attendu le lendemain matin à l'Élysée pour un tête-à-tête.

Dans Paris, ce lundi de juillet flotte un avant-goût de vacances. L'élu du Nord décide de marcher, avant de se rendre à son rendez-vous. « Comment cela va Gérald ? Je vous propose d'être ministre de l'Intérieur. » Darmanin est à peine assis dans le bureau présidentiel qu'il a déjà un nouveau fauteuil. Il n'a pas besoin de réfléchir. C'est oui. Ensemble, les deux hommes évoquent assez vite sa future mission. Emmanuel Macron insiste sur la loi sur le séparatisme, prévue avant la fin de l'année. C'est un enjeu capital et il attend beaucoup du trentenaire. Celui-ci lui avait exposé sa conception de la fonction lorsqu'il avait candidaté pour remplacer Gérard Collomb. S'ils y reviennent peu, ils règlent un détail d'importance. À l'automne 2018, certains dans la majorité avaient mis en cause la confiance que l'on pouvait faire à quelqu'un qui voyait encore si souvent Nicolas Sarkozy. Afin de lever ce soupçon, Gérald Darmanin demande au chef de l'État lequel de ses proches il doit prendre pour le seconder. Le président désigne son chef de cabinet, François-Xavier Lauch. Celui-ci deviendra le directeur adjoint de cabinet du nouveau ministre de l'Intérieur. Il paraît que deux précautions valent mieux qu'une. Son directeur de cabinet sera lui un anti-sarkozyste notoire : Pierre de Bousquet de Florian. Ils parlent aussi longuement de 2022. « À tort, on a une présomption de naïveté sur le régalien. Marine Le Pen et Les Républicains vont s'y engouffrer. Vous avez besoin d'un pied droit », argue l'ex-LR. Ce n'est pas la première fois qu'il lui dit. Chez lui, cette conviction remonte à loin. « Nous n'incarnons pas assez collectivement cette fermeté pour répondre aux angoisses des Français dans certains quartiers », assénait-il déjà dans *Le Point* un an plus tôt[1].

1. Interview de Gérald Darmanin : « Il faut que nous parlions plus au peuple », *Le Point*, 6 juin 2019.

En s'installant Place Beauvau, Gérald Darmanin a ce qu'il voulait : il détient entre les mains une partie de l'issue du quinquennat d'Emmanuel Macron. Pour lui, le défi est immense, d'autant qu'il doit faire face à un été où chaque jour, violences, affrontements communautaires, trafics font la Une des médias. Au début de juillet, l'agression mortelle d'un chauffeur de bus à Bayonne, roué de coups pour avoir demandé à quatre jeunes de porter un masque afin de se protéger du coronavirus, comptabilisera cinq millions de partages sur Facebook. Ce même mois, la sécurité sera le deuxième sujet à apparaître dans les UBM (les unités de bruits médiatiques, un outil gouvernemental qui mesure les thèmes de conversation des Français) et le premier sur les réseaux sociaux. Les oppositions, elles, se déchaînent et accusent l'exécutif de laxisme. Bref, il y a le feu à la maison.

Ces dernières années, celle-ci ne s'est-elle pas un peu endormie ? En tout cas, au lendemain de la nomination de Gérald Darmanin, elle ne s'est pas réveillée. Le nouveau premier flic de France ne trouve pas sur son bureau la fameuse note recensant tous les faits divers qui ont eu lieu sur le territoire la veille. Le lendemain, une fois l'omission réparée, il ne découvrira rien. « C'est un Tourcoing × 300 », se dit-il. Être maire d'une ville populaire lui a fait toucher du doigt depuis longtemps les réalités d'une société. Comment un gamin de cinq ans qui rêve d'être policier en vient à quinze à caillasser la voiture de celui-ci ? La question ne le taraude pas seulement depuis hier. Durant sa lecture, il est distrait par des cris d'enfants. Christophe Castaner avait autorisé ceux de la garderie du ministère à jouer dans le jardin. Gérald Darmanin les regarde. Il veut croire qu'il y a encore une lueur d'espoir.

De ses quelques années d'expérience, il a tiré un autre enseignement. Il faut toujours mettre des mots sur les problèmes ; c'est déjà montrer qu'on ne les nie pas. Dès ses premiers jours en fonction, il choisit ainsi de ne rien taire, de parler haut et fort. « La France est malade de son insécurité », « Avoir le droit d'asile sur le territoire national ne crée pas le droit de mettre le bordel », « Ce sont les trafiquants de drogue qui vont arrêter de dormir »... Les déclarations martiales du nouveau ministre de l'Intérieur s'enchaînent. Lorsqu'il dénonce « l'ensauvagement d'une partie de notre société », reprenant là un terme qui a fait florès depuis des années au Rassemblement national, l'émoi devient même réel au sein de la majorité. Éric Dupont-Moretti, le nouveau garde des Sceaux, tonne. Gérald Darmanin assume : « Ma mère comprend ensauvagement.

Mon boulanger comprend ensauvagement. » Évidemment, on l'accuse, en procédant de la sorte, de singer Nicolas Sarkozy. « Monsieur le Ministre, vous m'avez rajeuni (...) de quinze ans. Mais de grâce ne reprenez pas les propos à l'emporte-pièce de certains de vos prédécesseurs, notamment dans les quartiers », cingle Rémy Rebeyrotte, député LREM de Saône-et-Loire, le 28 juillet, devant la commission des lois de l'Assemblée qui auditionne le locataire de Beauvau. Il n'a pas échappé à ce dernier que son détracteur est un ancien encarté socialiste : « Votre attaque envers Manuel Valls et ses mots durs dans les quartiers n'était pas très... Enfin bon. À moins que cela visait Bernard Cazeneuve », réplique-t-il. Mais très vite, cette stratégie se révèle aussi un piège : les paroles ne suffisent plus et la pression des résultats se fait fortement sentir.

Parallèlement, Gérald Darmanin se retrouve à découvert sur un autre front. La mise en cause pour viol dont il avait fait l'objet en janvier 2018 refait parler d'elle. Classé deux fois sans suite, soldé par un non-lieu, le dossier a été réouvert au début de juin par la cour d'appel de Paris qui a demandé de nouvelles investigations. Plusieurs de ses déplacements sont perturbés par des manifestations de féministes qui réclament sa démission. À gauche, à droite, on estime que sa promotion au ministère de l'Intérieur est un bien mauvais signal. « C'est une marque de mépris pour toutes les victimes », blâme Valérie Pécresse. Lors de son interview télévisée du 14 juillet, Emmanuel Macron est obligé de prendre sa défense, rappeler la règle de la présomption d'innocence et mettre en garde contre une « démocratie d'opinion ». Gérald Darmanin, plus ébranlé qu'il ne veut bien le laisser paraître, dénonce une « chasse à l'homme », une « calomnie qui touche à son intimité ». Celle-ci a été étalée partout sur la place publique. « Si cela recommence à la rentrée, il n'est plus là à la Toussaint », pronostique Brice Hortefeux. Mais en septembre, les choses ne se passent pas ainsi : l'incendie est circonscrit. Si la vie privée du maire de Tourcoing fait parler d'elle, c'est parce qu'il se marie.

À l'automne, il lance ses premiers chantiers. La lutte contre le trafic de stupéfiants sera sa grande priorité. Il conçoit la loi sur le séparatisme comme un grand rendez-vous de la République. Mais l'élu du Nord ne veut pas être seulement l'homme des mauvaises nouvelles, un rôle dans lequel ses prédécesseurs se sont si souvent retrouvés enfermés. Ainsi il entend changer la vie quotidienne des Français, avec la mise en place de la carte nationale d'identité et de la procuration numériques… « La vocation du ministre de l'Intérieur est d'être la protection de ceux qui n'en ont pas », dit-il. Il se rêve en Clémenceau des temps modernes.

Sera-t-il à la hauteur ? Gérald Darmanin aura eu droit, sauf accident, à 600 jours maximum pour convaincre l'opinion. Quelque part pour lui également, la présidentielle de 2022 sera le juge de paix. Si Emmanuel Macron n'est pas réélu, c'est qu'il aura aussi échoué.

Épilogue

La tradition n'a pas été respectée. En cet été 2020, les Macron et les Sarkozy n'ont pas dîné ensemble, comme ils en avaient pris l'habitude depuis 2017. L'an passé, après avoir été conviés les deux années précédentes sur la terrasse de l'Élysée, l'ex-chef de l'État et la chanteuse étaient même venus au fort de Brégançon. Faut-il pour autant en tirer une conclusion particulière ? À la fin juin, Emmanuel Macron a encore reçu son prédécesseur, rue du Faubourg Saint-Honoré pour s'entretenir avec lui de la relance politique qu'il souhaitait mettre en œuvre après les municipales. Leurs contacts restent réguliers. Chacun continue à trouver son intérêt dans leurs affichages ostentatoires et répétés.

Progressivement, entre eux, une vérité – qui n'a pas eu besoin d'être exprimée – s'est imposée : jamais l'ancien chef de l'État ne sera candidat contre Emmanuel Macron. Cela n'autorise malgré tout ni confiance absolue ni naïveté éperdue. « Il n'attend qu'une chose : que je me casse la gueule pour prendre ma place », a pu s'épancher le quadra devant un baron des Républicains. Alors qu'à droite, l'épicentre de la bataille, ils sont de plus en plus nombreux à être convaincus que, sauf situation très exceptionnelle, Nicolas Sarkozy ne concourra plus jamais à l'élection présidentielle, le chef de l'État n'a plus que son obsession pour 2022 comme grille de lecture. De son côté, le sexagénaire, qui a appris au fil du temps à connaître la personnalité de son successeur, bloquera toujours sur un de ses aspects : Emmanuel Macron est décidément un être qui aime dissimuler quand lui est tout l'opposé. Ces derniers mois, les grandes manœuvres autour de meccano industriels, telle la recomposition capitalistique du groupe Lagardère, ont pu également faire naître, de part et d'autre, une certaine paranoïa.

Un autre cérémonial estival n'a en revanche pas été esquivé. Gérald Darmanin est allé dîner au Cap Nègre. C'était le 3 août. Ce soir-là, avec l'ex-chef de l'État, il a peu parlé politique. Le nouveau ministre de l'Intérieur est arrivé en retard. En raison d'un vent trop fort, son avion n'a pas pu se poser à Toulon, mais à Marseille. Nicolas Sarkozy aime toujours souper tôt. Il a donc fallu passer tout de suite à table, où comme d'habitude se mélangeaient amis et famille. Le jeune invité a été installé à côté de Carla. Il y a des privilégiés. Le lendemain, le 4 août, il rejoindra Emmanuel Macron en visite à Toulon. Il retrouvera ce président-là, à la terrasse d'une brasserie de la place de la Liberté, où il déjeune avec le maire LR de la ville, Hubert Falco. Avec eux, il partagera le café.

Le jour du remaniement, quand le chef de l'État l'avait informé de sa nomination comme premier flic de France, Gérald Darmanin lui avait demandé s'il pouvait prévenir Nicolas Sarkozy, un peu avant l'annonce de la composition du gouvernement. Emmanuel Macron avait accepté. Gérald Darmanin avait donc confié lui-même sa promotion à son mentor. L'ex-président, qui n'aurait pas cru que son successeur serait capable de faire un tel choix, l'avait félicité. Le lendemain, après sa passation de pouvoir avec Christophe Castaner, il l'avait rappelé : « Je suis fier de toi, Gérald. Tu as fait un très bon discours. »

Récemment, le cadet s'est néanmoins fait une remarque : son aîné lui donne moins de conseils qu'à l'époque où il était au ministère du Budget. Mais, au fond, que pourrait-il lui dire ? Dans le parcours de Nicolas Sarkozy, la place Beauvau occupera éternellement une place singulière, presque charnelle. Il a adoré ce ministère, où il a passé quatre années de sa vie ; c'est son passage ici qui a tout rendu possible. Que lui recommander ? De faire comme lui, alors qu'il considère, comme il l'avait fanfaronné après coup, qu'il « a tué le job » ? Et puis, il y a aussi ce qu'il ne peut pas lui dire. Au lendemain de la divulgation de l'équipe Castex, l'ex-président a reçu Guillaume Peltier. Au député LR du Loir-et-Cher, il n'a pas caché qu'il serait difficile pour le nouveau titulaire de l'Intérieur d'obtenir des résultats à ce stade avancé du quinquennat sur un dossier aussi miné que l'insécurité. Qu'en voulant incarner une ligne populaire tout en étant le ministre d'un chef de l'État tel qu'Emmanuel Macron, il y avait aussi peut-être une forme de contradiction… Mais au fond, qu'importe ! Cela ne modifiera en rien leur singulière relation. Pour Gérald Darmanin, Nicolas Sarkozy demeurera toujours un repère. Sur le premier, le second gardera indéfiniment un regard plus bienveillant que sur n'importe quel autre de sa génération.

Il y a quelques mois, Gérald Darmanin a écouté un vieux numéro de *Radioscopie* dont Valéry Giscard d'Estaing était l'invité. Trois années s'étaient écoulées depuis son départ de l'Élysée ; l'émission datait de 1984. « Il faut que dans la vie, il y ait des hauts et il faut qu'il y ait des bas, assurait l'ancien président au micro de Jacques Chancel. S'il n'y a pas de bas, on ne comprend pas les autres, en fait. Le succès ne vous y aide pas. L'échec vous facilite une certaine compréhension parce que les êtres communiquent par leurs difficultés, ils ne communiquent pas par leurs succès. » À coup sûr, ces deux animaux politiques ne diraient pas la même chose. Nicolas Sarkozy est un autre chef de l'État qui a alterné les sommets glorieux (s'inventant une énième vie, il est dorénavant un auteur de best-sellers) et les épisodes moins fameux (à l'automne 2020, puis au printemps 2021, il sera sur les bancs des accusés pour deux procès). Mais qui peut récuser que, quelles que soient les circonstances, il n'a pas toujours eu la curiosité des autres, ne serait-ce que pour être meilleur qu'eux ? Pour l'instant, le jeune ministre de l'Intérieur d'Emmanuel Macron, lui, n'a pas vraiment connu le vertige de la chute. Il pense que cela ne l'empêche pas de comprendre, par ce qu'il est, les Français – une nécessité impérieuse au poste qu'il occupe désormais. Pour l'instant, la vie rêvée de Gérald Darmanin continue.

Remerciements

Merci à Sophie de Closets et Nicolas Diat pour leur confiance aveugle.

Merci à Nicolas Beytout pour ce bien si précieux qu'est la liberté. Merci à Rémi Godeau de faire que tout soit si simple. Merci à mes compagnons de *L'Opinion*, qui me donnent le sourire, chaque matin, sur mon vélo, à l'idée de les retrouver.

Merci à Hugues Anselin, Julien Aubert, François Bayrou, Xavier Bertrand, Michel Bettan, Arnaud Beuron, Gilles Boyer, Alexandre Brugère, Jean-Christophe Cambadélis, Gérald Darmanin, Marc-Philippe Daubresse, Éric Diard, Julien Dive, Pierre-Henri Dumont, Matthieu Ellerbach, Pierre Giacometti, Olivia Grégoire, Brice Hortefeux, Charles Hufnagel, Gwladys Huré, Benjamin Lancar, Guillaume Larrivé, Sébastien Lecornu, Vincent Ledoux, Bruno Le Maire, Pierre-Jean Le Mauff, Anne Levade, Dimitri Lucas, Aurore Mouysset, Frédéric Péchenard, Édouard Philippe, Aurélien Pradié, Bruno Retailleau, Bernard Sananès, Éric Schahl, Thierry Solère, Véronique Waché, Laurent Wauquiez.

Merci à Bruno Jeudy, Corinne Lhaik et Éric Mandonnet pour leur aide et leur soutien.

Merci, puisque ce livre est aussi sur la transmission, à Fabien Roland-Lévy, de m'avoir tant appris.

Table

Cet ouvrage a été imprimé en Espagne par
Liberdúplex
Polígono Industrial Torrentfondo
08791 St. Llorenç d'Hortons
pour le compte des Éditions Fayard
en octobre 2020

N° d'édition : 85-5101-8/01- N° d'impression : 86798